데카르트가 들려주는

의심 이야기

데카르트가 들려주는

의심 이야기

ⓒ 김익현, 2006

초판 1쇄 발행일 2006년 7월 21일
초판 13쇄 발행일 2023년 2월 1일

지은이   김익현
그림   오정희
펴낸이   정은영

펴낸곳   (주)자음과모음
출판등록   2001년 11월 28일 제2001-000259호
주소   10881 경기도 파주시 회동길 325-20
전화   편집부 (02)324-2347 경영지원부 (02)325-6047
팩스   편집부 (02)324-2348 경영지원부 (02)2648-1311
e-mail   jamoteen@jamobook.com

ISBN 978-89-544-1945-1 (64100)

데카르트가 들려주는
의심 이야기

김익현 지음

ㅣ주ㅣ자음과모음

책머리에

　저는 여러분에게 근대 철학의 아버지라고 불리는 철학자 데카르트의 이야기를 하려고 합니다.

　데카르트는 1596년 프랑스에 있는 라에라는 작은 도시에서 태어났습니다. 열 살이 되던 해에의 라플레슈의 예수회 학교에 입학하여 9년간 공부했습니다. 라플레슈 학교의 기숙사 생활은 엄격했지만, 몸이 허약했던 데카르트는 아침에 늦게 일어나는 것이 허용되었고, 침대에 누워 사색하는 습관을 갖게 되었습니다. 훗날 데카르트는 늦잠 덕분에 자신의 허약한 체력을 보충했고 맑은 정신 상태를 유지할 수 있었다고 말했습니다.

　데카르트는 당시 유럽 최고의 명문들 중의 하나였던 라플레슈 학교에서 역사, 문학, 수사학, 수학 및 철학과 신학을 공부했습니다. 그 중에서 그의 마음을 사로잡았던 과목은 수학이었습니다. 데카르트가 수학과 기하학을 좋아했던 이유는 그것이 증명을 통해 정확하고 확실한 지식을 우리에게 전해 준다고 믿었기 때문이었습니다.

학교를 졸업한 후 데카르트는 그러한 수학적 방법을 가지고 자연을 탐구했고 그 결과 많은 성과들을 거둘 수 있었습니다. 데카르트는 그 성과들을 묶어 지동설을 지지하는 《세계(Le Monde)》라는 책을 출판하려고 했으나, 갈릴레오가 지동설을 주장하다가 교회 당국으로부터 파문을 당했다는 소식을 듣고는 출판을 포기합니다.

데카르트는 진리를 위해 자신의 생명을 걸 정도로 대범하지는 못했던 것 같지요? 그는 어려서부터 사람들과 부딪히기보다는 혼자 생각에 잠기기를 좋아하는 성격이었습니다. 그리고 사실 그는 성직자들과 신학자들을 아주 두려워했습니다. 어떤 면에서는 상당히 비굴해 보일 정도로 그들과 사이좋게 지내고 싶어 했지요.

하지만 제가 보기에 데카르트는 진리를 이야기할 용기가 없었다기보다는 승산 없는 싸움을 할 정도로 무모하지 않았다고 보는 것이 더 올바른 판단인 것 같습니다. 왜냐하면 그는 결코 진실을 알리려는 노력을 게

을리하지 않았고 자기 나름대로의 방식으로 부당한 권위에 저항하려고 했기 때문입니다. 이를테면 겉으로는 교회 당국이나 신학자와 타협하고 그들의 권위에 복종하는 것처럼 행동했지만, 속으로는 광범위하고도 은밀하게 저항했다고 할 수 있습니다. 그래서 사람들은 데카르트를 겉과 속이 다르다는 뜻으로 '가면 쓴 철학자'라고 부르기도 합니다. 그런 까닭에 데카르트를 제대로 이해하기 위해서는 가면과 가면 뒤의 얼굴을 구분하는 것이 중요합니다.

데카르트는 신학자들과 직접 맞부딪히기보다는 우회적으로 사람들이 진리를 알아볼 수 있는 능력을 갖추게 함으로써 사람들 모두가 사이비 진리가 아니라 진짜 진리를 알아볼 수 있기를 바랐고, 그 결과 천 년 이상 사람들의 생각을 지배해 온 기독교적 전통 및 권위와의 외로운 싸움이 자신에게 유리하게 전개되기를 간절히 바랐다고 할 수 있습니다.

그래서 그는 누구나가 진리를 알 수 있는 능력이 있음을 사람들에게 알려 주었으며 그러한 능력을 갖게 되는 방법을 알려 주었습니다. 과학자들의 자연 탐구가 진리라는 것을 철학을 통해 밝혀 줌으로써 과학자들이 마음껏 자연을 연구할 수 있는 길을 터놓았습니다.

장기적 관점에서 보면 데카르트의 이러한 전략은 성공적이었다고 할 수 있습니다. 데카르트의 영향으로 사람들은 옳고 그른 것을 판단하는 것은 신이 아니라 우리의 이성이라는 것을 깨닫게 되었고, 그렇게 함으로써 데카르트는 신앙의 시대가 가고 이성의 시대, 과학의 시대가 오는 것을 앞당기는데 일조를 했다고 할 수 있을 겁니다.

그러나 단기적 관점에서 보면, 결코 상황은 데카르트에게 유리하게 전개되지 않았습니다. 데카르트의 전략은 신학자들에 의해 간파되었고, 그들은 데카르트를 위험한 사상가라고 생각했어요. 따라서 데카르트에게는 그들로부터 유형무형의 탄압이 가해졌으며 그의 책은 불온서적으로 지정되어 한동안은 사람들이 자유롭게 읽을 수가 없었습니다.

짧게 보면 실패, 길게 보면 성공이라고 할 수 있을 것 같군요.

  어떻게 보면 성공과 실패는 그렇게 중요하지 않을지도 모릅니다. 중요한 것은 제아무리 어려운 상황이라도 자기가 알고 있는 참된 진리를 사람들에게 알리려고 한 철학자로서의 데카르트의 열정과 노력이라고 할 수 있지요.

  여러분도 데카르트처럼 스스로의 힘으로 무엇이 옳은가를 판단하고 많은 사람들에게 자신의 판단을 전하기 위해 노력하는 용기 있는 사람이 되기를 바랍니다.

  2006년 7월

  김익현

C O N T E N T S

프롤로그

삑 삑 삑 삑~

현관문의 비밀번호를 누르는 소리가 났다. 번호 하나마다 힘주어 누르는 걸 보니 아빠가 분명하다. 하긴 나 말고 이 집에 들어올 사람은 아빠밖에 없기도 했다.

"태안아, 아빠 왔다."

태안이는 현관에 나가 아빠를 맞았다. 시큼한 술 냄새가 살짝 풍기는 것 같았다.

"아빠, 한잔 하셨어요?"

"허허, 그래. 녀석 개 코가 따로 없구나. 회식하면서 한잔 마셨지. 정말 딱 한 잔이었다고."

아빠는 태안이 머리를 한 번 쓰다듬고는 방으로 들어가셨다. 아빠가 들어가시고 난 거실은 더 적막하고 허전했다. 아빠는 일 때문에 거의 매일 밤늦게 퇴근하고, 한 달에 몇 번은 술자리 때문에 늦으셨다. 그래서 태안이 혼자 집을 지키는 날이 대부분이었다.

아빠가 주무시는 방에서 코고는 소리가 난다. 분명히 딱 한 잔보다 더 많이 드셨을 아빠는 씻지도 않고 잠에 빠지셨나 보다. 태안이는 살그머니 방으로 들어가 아빠의 양말과 양복저고리를 벗겨 드렸다. 오늘 따라 깊이 잠드신 아빠의 얼굴에 슬픔이 보인다. 구깃구깃한 와이셔츠의 소매에는 때 묻은 자국도 보이고……. 엄마가 계실 때는 이러진 않았는데.

태안이는 제방으로 돌아와 책상 위의 액자를 보았다. 엄마와 아빠, 똑같이 생긴 남자 아이 둘이 웃고 있었다. 놀이 공원의 장미 축제를 구경 갔던 그날, 네 식구는 장미 덩굴이 탐스럽게 오른 아치에 나란히 서서 가족사진을 찍었었다. 받침대에 카메라를 세워 놓고, 셔터를 누른 아빠가 얼른 뛰어와 엄마 어깨에 손을 둘렀던 그날.

그렇지만 네 식구가 함께했던 행복한 기억은 이제 사진에만 남아 있다. 태안이의 쌍둥이 형 태균이는 엄마와, 태안이는 아빠와 따로 살게되었기 때문이다. 언제부터인지 회사 일이 너무 바빠서 매일 늦는 아빠와 엄마는 차츰 다투는 일이 많아졌고, 한 집에서도 따로 자기 시작하시더니 지난겨울, 두 분은 결국 이혼한다는 결정을 내리셨다.

사교적이고 외향적인 엄마와 말수가 적은 아빠의 성격이 너무 다르기때문에 이혼하신다고는 했지만 태안이와 태균이가 모르는 다른 이유들이 또 있을 것이다. 어른들의 세계는 이해되지 않는 문제들이 많으니까.

태안이는 사진 속 자신의 모습을 자세히 들여다보았다. 옆에 서 있는태균이와 구별이 가지 않을 만큼 둘은 닮았다. 다른 집은 쌍둥이끼리 친구처럼 이름을 부르는데, 태안이는 태균이를 꼭 형이라고 불렀다.

태균이는 3분 먼저 태어났다. 고작 3분 차이로 일찍 태어났지만 3년은먼저 태어난 것처럼 의젓하고 믿음직했다. 엄마를 닮아서인지 활달한성격에 따르는 친구도 많고, 못하는 것이 없을 정도로 다 잘한다. 공부도, 운동도, 미술도, 또 싸움까지.

　말수 적은 아빠를 닮아 조용한 성격의 태안이는 그런 태균이가 자랑스러웠다. 또 가끔은 내가 태균이라면, 그런 생각을 하기도 했다. 얼굴이 닮은 것 말고는 다른 것들은 영 딴판이었기 때문이었다. 사실 얼굴도 다르게 보일 때가 있다. 눈이 나빠서 안경을 쓰는 태안이에 비해 안경을 쓰지 않는 태균이가 더 잘 생겨 보여서 말이다. 안경하나에도 똑같은 얼굴 생김이 그렇게 달라 보일 수 있다는 것도 신기하다.

　태안이가 농담처럼 부르는 '3분 형' 태균이. 둘이 같이 지낼 때는 심심하지도, 외롭지도 않았는데……. 사진을 보던 태안이의 눈시울이 붉어졌다. 지금도 같이 있을 수 있다면, 네 식구가 모두 같이 살 수 있다면.

　그런 생각을 하면서 태안이는 침대에 누웠다. 참, 그러고 보니 내일이 마지막 주 토요일이다. 3분 형을 만나는 날! 부모님은 만나지 않지만 매달 마지막 주 토요일에 태균이와 태안이는 만날 약속을 정했었다. 벌써 내일이 그날이다. 태안이는 한 달 중 가장, 그리고 유일하게 즐거운 내일의 생각에 배시시 웃으며 이불을 끌어 덮었다.

학교 가기 싫어

 모든 양서를 읽는다는 것은 지난 몇 세기 동안에 걸친 훌륭한 사람들과 대화를 하는 것과 같다.

—데카르트

1 혼자 걷는 아이

아침에 자명종 소리에 눈 뜬 태안이는 혼자 일어나 세수를 하고 학교 갈 채비를 했다. 식구가 떨어져 살게 된 후 매일 이런 날이었지만 여전히 싫은 기분이다. 혼자 일어나고, 혼자 준비하고, 혼자 하교하고, 혼자 놀고……. 그렇게 사이좋은 형제가 있는데도 외동아들처럼 혼자만 있게 만든 부모님이 원망스러웠다.

아빠는 벌써 출근을 하셨고 식탁에는 아빠가 구워 놓고 간, 식은 토스트 조각이 놓여 있었다. 태안이는 냉장고에서 우유를 꺼내 토스트와 같이 먹었다.

　그래도 오늘의 아침은 좀 낫다. 오후에 태균이와의 약속이 있기 때문이다. 태안이는 일부러 그 생각만 하며 기분을 띄우려고 애썼다.

　횡단보도 두 개만 건너면 태안이의 학교다. 아이들은 둘 서넛씩 같이 가면서 장난도 걸고 이야기도 나누었다. 하지만 태안이는 혼자 발부리만 보면서 고개를 숙이고 걸었다. 애들과 섞여 걷는 것이 싫었다. 아이들은 태안이를 소설《벙어리 삼룡이》에 나오는 삼룡이라고 놀리며 귀찮게 굴기 때문이다.

"야, 삼룡이!"

　민규가 태안이의 머리를 툭 치며 지나갔다. 그 바람에 태안이의 머리카락이 눈을 가렸다. 태안이는 흐트러진 머리카락을 다시 이마 위로 올리며 대꾸도 없이 걸었다. 속으로 울컥 눈물이 나려고 했다. 이런 일이 처음은 아닌데도 당할 때마다 속에서 눈물이 났다.

　아이들이 태안이를 괜히 한 번씩 툭툭 치고 가는 일은 아주 흔

했다. 가끔은 가방을 일부러 숨겨 놓기도 했고, 신발을 교실 밖으로 멀리 던져 버려 운동장까지 맨발로 신발을 주우러 걸어가야 할 때도 있었다. 태안이는 흔히 말하는 왕따였던 것이다.

'어쩌다가 내가 이렇게 되었을까? 내가 애들에게 잘못한 일도 없는데……'

태안이는 울적한 생각이 들어 더 천천히 걸었다. 태안이가 왕따를 당하기 시작한 건 학기 초부터였다. 부모

님이 이혼한 후 아빠와 따로 집을 얻어 살게 되면서 태안이는 지금 다니는 학교로 전학을 왔다. 소극적인 성격의 태안이는 낯선 곳에서 적응하기가 쉽지 않았다. 안 그래도 조용한 성격의 태안이는 점점 더 말이 없어졌고, 반 친구들은 태안이를 '벙어리 삼룡이'라고 놀렸던 것이다.

 의지하던 형 태균이도 곁에 없고, 엄마도 떨어져 있으니 혼자 있는 시간이 많았다. 말할 일이 더 없어져 버린 태안이는 점점 입이 무거운 아이가 되어 갔다. 아이들은 태안이가 짓궂은 장난에도 이렇다 할 반응을 보이지 않자 더 심하게 놀리고 힘들게 했다.

 '나도 태균이 형 같았다면 얼마나 좋을까. 운동도 잘하고, 공부도 잘하고, 또 싸움도 잘하고…….'

 사실 싸움만 잘했어도 지금처럼 왕따가 되진 않았을 것이다. 워낙 싸움도 못 하는 데다 누구와 다투는 일을 싫어하는 태안이는 괜히 한 대 맞는 일이 생겨도 맞서 싸우질 못했다. 그렇기에 아이들은 더욱더 태안이를 쉽게 생각했다.

 오늘만의 일이 아닌데도 기분이 울적해져 걷고 있었다. 그때 누군가 자신을 바라보는 눈길이 느껴졌다.

명하였다. 명하는 알 듯 모를 듯 웃음을 띤 얼굴로 태안이를 바라보며 살짝 손을 흔든다. 태안이도 같이 인사를 하려고 손을 올리려다가 얼른 내리고 말았다. 이런 모습을 친구들이 보면 놀릴 것이 뻔했기 때문이었다. 명하는 태안이가 친구들에게 따돌림을 당하고 있는 사실을 알면서도 도움을 주지 못하는 것에 속상해하는 고마운 아이였다. 태안이에게 도움을 줄 수 없는 자신을 자책하는 유일한 친구, 숨은 친구였다.

명하가 태안이를 마음에 둔 것은 언젠가 수돗가에서 태안이가 안경을 벗고 얼굴을 씻는 모습을 보았을 때였다. 명하는 태안이의 안경 뒤로 가려졌던 얼굴을 보고 마음이 울렁이었다. 안경을 쓰고 있었을 때는 소심하고 조용한 아이처럼 보였는데, 안경을 벗은 태안이의 얼굴이 조각처럼 근사했던 것이다. 그 모습에 심장이 콩콩 뛰었던 명하는 그 뒤로 몰래 태안이를 좋아하기 시작했다. 태안이는 한 번도 다른 사람 앞에서 안경을 벗은 적이 없었기 때문에 그 모습은 명하만의 비밀이 되었다. 물론 태안이를 좋아하는 것도 비밀이었다.

명하와 태안이는 슬쩍 눈길만 스친 채 교실로 들어갔다.

"야, 삼룡이, 오늘은 말 좀 배워 왔냐?"

준형이가 보자마자 또 시비다. 아무런 대꾸도 하지 않은 태안이가 자리에 가서 앉으려는데 준형이가 길을 막는다.

"내 말이 안 들려? 왜, 수화로 해 줄까? 이게 무슨 뜻이게?"

그러면서 준형이는 가운데 손가락을 세워 보였다. 태안이의 속에서 화가 치밀어 올랐다. 그렇지만 대꾸하면 안 된다는 것을 태안이는 경험으로 잘 안다. 처음에 조용히 항변을 했을 때, 준형이는 태안이의 말투를 따라하며 놀렸었다. 태안이가 어떻게 하든 녀석들은 태안이를 괴롭힐 것이다.

"야야, 그만 해. 못 배운 애가 그렇게 어려운 수화를 어떻게 알아듣겠냐. 그러지 말고 동물 소리를 내 보라고 하자. 자 따라해 봐, 멍멍!"

우진이였다. 반에서, 아니 전교에서 제일 싸움을 잘 한다는 우진이. 그래서 싸움짱인 우진이에 맞서는 아이들은 아무도 없었다. 아이들은 우진이의 눈치를 살피며 녀석의 비위를 거스르지 않으려고 조심했다. 우진이가 하자는 대로 반항 없이 따르는 것이야말로 왕따를 면하는 길이었기 때문이었다. 선생님의 훈계는 어겨도 우진이의 명령만은 반드시 따랐다. 한 번 찍히면 학교생활이 너무 힘들어지기 때문이었다. 지금의 태안이처럼 말이다.

태안이도 그 사실을 처음부터 알았더라면 아이들이 이미 터득한 것처럼 우진이에게 맞서지 않았을 것이다. 전학 온 첫날, 새로 왔으니 자신에게 선물을 바치라는 우진이에게 따져 물었던 것이 지금 괴로움의 시작이었다. 태안이의 상식으로 우진이 녀석은 그른 것이었지만, 코피가 나도록 얻어맞은 그날 이후로 태안이는 우진이에게 찍혔다. 우진이가 그랬기에 당연히 아이들은 모두들 태안이를 따돌리고 놀렸다. 그날 차라리 우진이가 탐내던 손목시계를 줘 버리고 말 것을 그랬다. 하지만 후회해도 상황은 되돌려지지 않는다.

태안이는 아예 상대하지 않을 생각으로 길목을 막은 우진이를 피해 자리에 앉으려고 했다. 순간 우진이가 발을 뻗어 태안이의 걸음을 방해했다. 발을 성큼 내딛던 태안이는 그만 우진이의 발에 걸려 중심을 잃고 넘어지고 말았다.

"아!"

태안이의 입에서 저절로 아픈 소리가 나왔다. 넘어지면서 의자 모서리에 정강이뼈를 심하게 부딪혔기 때문이다.

"어, 삼룡이도 아플 땐 소리를 지르네. 킬킬."

우진이의 말에 주변의 아이들 몇몇이 같이 웃었다. 태안이는 아픈 것도 잊고 의자에 앉았다. 너무 속상해서 눈물이 날 것 같았다. 그렇지만 울면 안 된다. 울면 지는 것이다. 태안이는 입술을 꽉 깨물었다.

2 이성에 눈뜨기

교실 문이 열리며 선생님이 들어오셨다.

"다들 어제 휴일은 잘 보냈니?"

선생님의 인사에 아이들이 저마다 대답들을 했다.

"저는 가족들과 식물원에 갔었어요."

"우리는 도서관에 갔는데요, 엄마가 안 사주시는 만화책을 실컷
보고 왔어요."

"저는 방콕이었는데……."

이런저런 대답을 들은 선생님이 웃으며 말씀하셨다.

"선생님은 방굴러데쉬 갔었단다. 방에서 종일 뒹구는 방굴러데쉬 말이다. 하하하."

아이들도 같이 깔깔거리며 한마디씩 더 떠들었다. 그러자 선생님이 책상을 탁탁 두드리며 아이들을 집중시켰다.

"방굴러데쉬에 가서 선생님은 아주 좋은 책을 읽었단다. 그래서 보람 있는 해외여행이었지."

그러면서 선생님은 칠판에 '이성에 눈뜨자'라고 쓰셨다.

"이성에 눈뜨자고요? 에이, 선생님, 이제 연애하시려고요?"

누군가의 말에 아이들이 재미있다는 듯이 키득거렸다. 선생님은 서른아홉 살이 되도록 장가를 못간 노총각이기 때문이었다. 속상해하던 태안이도 이 말에 피식 웃음을 지었다. 선생님에 대한 주제곡이 생각나서 말이다.

"저 건너 4반 교실에는 아하, 개구리 노총각이 살았는데 아하, 사십이 다 되도록 장가를 못 가, 안 간 건지 못 간 건지 나도 몰라, 몰라, 아싸아싸."

태안이 반의 신문부장 윤진이가 언니에게 배운 노래라며 한 번 불렀던 것인데, 선생님과 딱 어울리는 곡이라 그날부터 4반의 주제곡이 되었던 것이었다.

아이들을 잘 이해하고 잘 놀아 주는 선생님인데도 애인이 없다니. 노래 가사에 등장하는 개구리처럼 눈이 불거져서 애인이 없는 건지도 모른다.

"저는 벌써 이성에 눈떴거든요."

윤진이가 의미 있는 눈빛을 보이며 준형이 쪽을 바라봤다. 윤진이의 애정 공세는 처음 있는 일이 아니라서 아이들 모두 그런 줄 알고 있다. 윤진이의 시선에 준형이만 몸 둘 바를 몰라 괜한 손가락만 깍지를 끼웠다 풀었다 했다.

준형이는 태안이를 짓궂게 놀리는 것만 빼면 괜찮은 아이였다. 키도 크고 여자애들을 잘 도와주는 기사도도 있는 남자였던 것이다. 눈 높은 윤진이가 좋아할 만했다.

"녀석들아, 이 이성은 그 이성이 아니랍니다."

의아해하는 아이들을 둘러보며 선생님이 말씀하셨다.

"조그만 녀석들이 벌써 그 이성에만 눈을 뜨다니. 마흔이 다 된 선생님도 아직 못 떴는데 말이야, 응?"

선생님의 말에 와하하 아이들이 웃었다.

"자, 중요한 얘기를 할 테니 잘 들어라. 이 말에서 이성은 말이다, 사태를 파악하고 인식하는 능력을 뜻하는 거야."

사리, 직관, 인식. 선생님 입에서 이런 말이 계속 이어졌다. 그러자 무슨 말인지 하나도 모르겠다며 아이들이 아우성쳤다.

"그러니까 공부 좀 해라, 녀석들아. 고학년이나 되어서 그런 말뜻도 모른단 말이야?"

선생님은 농담처럼 아이들에게 훈계하셨다.

"너희들 수준에 맞춰서 쉽게 말하자면 참과 거짓을 구별하는 힘을 말하는 것이다. 너희들은 스스로 이성이 있다고 생각하니?"

갑작스런 선생님의 질문에 아이들이 당혹해했다.

"저희들도 판단을 내릴 줄 알고, 생각은 하면서 사니까 이성이 있는 것 아닐까요?"

명하가 조심스레 말했다.

"그래, 명하의 생각처럼 사람들은 누구나 이성을 가지고 있단다. 그런데 왜 사람들은 참 거짓을 분명하게 구분하지 못하는 것일까? 그건 이성을 제대로 사용하지 못해서 그렇다는 것이야."

진지한 선생님을 보면서 장난기가 발동한 아이들이 또 한마디씩 떠들었다.

"누가 그러는데요? 에이, 선생님 얘기 아니죠?"

"야, 우리 선생님이 저렇게 어려운 말씀을 만들어 내셨겠냐?"

"그래, 이 녀석들아! 선생님이 한 말 아니다, 어쩔래? 선생님이 만들어 낼 능력은 없어도, 이 말을 이해하고 가르칠 능력은 된다, 인석들아!"

선생님이 화난 체하며 호통을 치셨다. 아이들의 장난도 장난으로 잘 받아 주는 것이 노총각 선생님의 진짜 매력이었다. 그래서 선생님은 언제나 인기짱이었다.

"사람들이 참 거짓을 분별하는 능력이 있음에도 그걸 제대로 사용하지 못한다는 것은 데카르트의 말이란다."

"예? 그 유명한 데카르트요? 우리 집 책꽂이에서도 봤는데, '나는 생각한다, 고로 나는 존재한다.' 그게 데카르트의 명언 맞죠?"

윤진이가 얼른 나섰다. 아는 것이 있으면 꼭 아는 체를 해야 직성이 풀리는 윤진이었다.

"윤진이가 본 건 있구나. 데카르트의 명언은 맞지만 그것이 왜 나온 말인지는 너희들 모르겠지? 그건 너희들이 데카르트의 책을 더 읽어 보고 깨닫도록 해라. 어쨌건 선생님이 하고 싶은 말은 너희들이 충분히 올바른 판단을 할 수 있는 능력이 있음에도 그것을 잘못 사용하는 일이 없길 바란다는 거다."

선생님의 무게 있는 모습에 아이들이 조용해졌다.

"데카르트가 살았던 근대 초는 중세 시대의 분위기가 여전히 강력한 영향을 미치고 있던 시기였단다. 서양의 중세 시대는 기독교가 그리고 학문적으로는 신학이 지배했던 시기였다는 것을 너희도 알고 있지? 모든 지식의 옳고 그름은 신학적 관점에 따라 맞느냐 틀리느냐에 따라 판단되었지. 그래서 지금 보면 사실에 어긋나는 것들도 참된 것으로 간주되는 경우들이 있었단다. 스스로 이성을 통해 진실을 밝히는 대신 신학자들의 말을 아무런 의심 없이

진리라고 받아들였던 거지. 지금 우리들도 누가 그렇다니까, 혹은 남이 그렇게 했으니까, 그런 이유로 내 이성을 흐리게 하지는 않는지 한번 생각해 보자. 스스로의 힘으로 생각하기란 곧 철학하기와 같은 것이란다. 어떠냐! 철학하기가 어려울 것 같니?"

한숨 쉬는 아이들을 보면서 선생님은 빙긋 미소를 지으셨다.

3 스스로 생각하는 힘

"선생님이 옛날이야기 하나 해 줄까?"

철학이라는 어려운 말에 풀이 죽었던 아이들은 선생님이 옛날이 야기를 해 주신다는 말에 기가 살아서 어서 해달라고 외쳐 댔다.

"옛날 아주 먼 옛날, 산골짜기의 한 초가집에 엄마와 어린 오누이가 살고 있었어. 그러던 어느 날, 엄마는 이웃 마을의 잔칫집에 일을 해 주러 가셨어. 잔치가 끝나고 엄마는 얻은 떡을 머리에 이고 오누이가 기다리고 있는 집으로 돌아오고 있었지."

"에이, 시시해요, 시시해! 그건 유치원 때 다 졸업했다고요! 저희 수준을 너무 무시하는 거 아니에요?"

아이들은 기대했던 이야기 대신 너무나 잘 알고 있는 전래동화가 나오니 실망하여 소리를 질렀다.

"하하, 그래, 너희들도 다 아는 얘기지? 그런데 호랑이가 왜 그 집엘 갔을까?"

"오누이도 잡아먹으려는 거잖아요."

아이들이 당연하다 듯 대답했다.

"그럼 오누이는 왜 참기름을 바르고 나무에 올랐다고 거짓말을 했을까?"

"그야 호랑이가 나무 위로 올라오지 못하게 하려는 거죠. 그리고 왜 하느님이 호랑이에게 썩은 동아줄을 내려주었는지도 알아요. 호랑이의 나쁜 짓에 하늘이 벌을 준 거잖아요."

얼른 나선 기형이의 대답에 윤진이가 물었다.

"그런데 이런 시시한 얘기랑 선생님께서 하시던 말씀이랑 무슨 연관이 있는 건가요?"

"빙고!"

선생님이 손가락을 구부려 동그라미를 만들며 고개를 크게 끄덕이셨다.

"선생님이 해 준 재미없는 옛날이야기가 중요한 것이 아니라 이 이야기를 들으면서 너희들이 보여 준 반응이 바로 철학하는 거란다."

더 모르겠다는 듯 고개를 갸우뚱하는 아이들에게 선생님은 계속 말씀하셨다.

"너희들은 이 이야기를 들으면서 왜 그런 일들이 벌어졌는지 나름대로의 이유를 생각하며 대답했지? 바로 그렇게 스스로가 왜라는 물음을 던지면서 그 이유나 원인을 찾아가는 과정, 그것이 바로 스스로의 힘으로 생각하는 것이고, 철학하는 것이란다."

"저도 매일 의문이 가는 것들에 대해 묻고 스스로 답을 찾아 나가거든요. 내 방귀 가스를 모으면 자동차 연료가 될까, 그런 거요. 그럼 저도 철학자겠네요?"

준형이의 너스레에 아이들이 배를 잡고 웃었다. 선생님도 같이 웃다가 한마디 하셨다.

"어쩌면 미래에는 자기 방귀로 움직이는 자동차가 나올지도 모르겠구나. 매연 냄새보다 지독하겠지만 말이다. 하하하."

선생님 말씀에 아이들은 아까보다 더 크게 웃어 댔다. 어려운 얘기를 듣던 분위기가 장난처럼 되자 선생님은 웃음을 거두고 엄하게 말씀하셨다.

"유명한 철학자들이나 너희들이나 똑같은 것이 있다. 그건 바로 스스로의 힘으로 생각을 한다는 것이다. 너희들에게는 그만한 능력이 있어. 그런데도 남의 생각을 무조건 따르고 있는 건 아닐까? 사실 모든 사람들이 생각하는 능력을 가지고 있으면서도 시간이 없다거나 귀찮다는 이유로 주어진 지식이나 현상들을 아무런 의심 없이 받아들이면서 사는 것이 현실이다. 갓난아기들이 혼자 걷지 못해서 보행기를 타는 것은 이상할 것이 없지만 다 큰 아이가

보행기를 탄다면 그건 우스운 일이겠지? 스스로 생각할 능력을 가지고 있으면서도 그러한 능력을 사용하지 않는 사람이 있다면 바로 그 모습과 같을 거다."

선생님의 마지막 말에 아이들도 조금은 진지해지는 것 같았다. 남의 판단을 내 판단이라고 믿고 따라하고 있는 것은 아닐까, 모두들 그런 생각을 하고 있는 듯했다.

"아침부터 어려운 말을 들으니까 머리에 쥐나지? 그러니까 평소에 좀 이성에 눈뜨란 말이다. 자신의 판단, 올바른 판단, 그것을 위해 생각 좀 해, 녀석들아. 여자친구, 남자친구만 생각하지 말고. 어려운 이야기 1탄은 여기까지! 2탄도 기대해. I'll be back."

영화배우처럼 영어 대사 한 마디를 남기고는 선생님은 다음 수업 준비하라며 나가셨다.

혼자만의 느낌일까? 태안이는 선생님이 자신을 보며 의미 있는 눈짓을 하신 것 같았다. 이미 태안이의 괴로운 속사정을 알고 있는 선생님이었다.

처음에는 가끔 태안이를 불러 속상한 마음을 위로해 주기도 하고, 놀림이 지나칠 땐 우진이에게 체벌을 내리기도 하던 선생님이었다. 그러나 그런 것은 도리어 역효과를 내었다. 선생님이 태안이를 편애한다고 아이들은 드러내어 불만스러워했고 우진이는 전보다 더 태안이를 힘들게 했기 때문이었다. 선생님의 노력이 태안이 일의 해결에 도움이 되지 못하는 것을 알았기에 선생님도 그 뒤로는 내놓고 태안이를 어떻게 해 주지는 못했다. 대신 몰래 사탕 몇 알을 쥐어 주시거나 힘내라는 쪽지를 넣어 주시곤 했다. 그것이 태안이를 도와주고 싶어 하는 선생님의 마음이라는 것을 태안이는 알았다.

'남의 생각을 따라 하는 것은 이성을 제대로 사용하는 것이 아니라고? 거기서 왜 선생님은 나와 우진이를 바라보셨을까? 데카르트 얘기는 왜 갑자기 꺼내신 거지?'

한참 선생님 이야기에 빠져 열심히 듣던 태안이에게 의문이 생겼다. 우진이와 아이들, 그리고 태안이를 깊게 바라보시던 선생님의 눈. 무엇인가 더 중요한 것을 말하려던 눈. 무엇이었을까?

"야, 삼룡이. 사물함 가서 내 국어책 좀 가져와."

우진이가 또 심술이었다. 우진이도 자신과 태안이를 그렇게 보던 선생님의 눈을 느낀 것이었는지도 모른다.

태안이는 이번엔 큰 일 벌이지 않고 조용히 가져다주려고 자리에서 일어섰다. 순간 다리에 통증이 왔다. 선생님의 이야기에 빠져서 잊고 있었는데, 정강이를 보니 살갗이 벗겨져 피가 맺혀 있었다. 주변이 불그스레 부어오른 것이 작은 상처는 아닌 것 같았다.

'아픈 내색을 하면 안 돼. 녀석의 기만 살려 주는 꼴이 되니까. 참자, 참자.'

태안이는 아픔을 꾹 참고 국어책을 가져다주었다. 태안이의 다리를 힐끗 본 우진이가 한마디 했다.

"그런 건 축구 한 판만 뛰고 나면 오케이야. 이열치열, 몰라? 아플 땐 더 힘든 운동을 하면 싹 낫는다고. 킥킥킥."

'그래, 사내자식이 엄살을 부린다고 놀리는 것보단 낫지.'

태안이는 오기가 올라 이를 꽉 물었다. 저쪽 창가 자리에서 명하가 안타까운 듯 태안이를 훔쳐보았다.

4 쌍둥이 형 태균이

하루의 수업이 어떻게 끝난 줄도 모르게 오후가 되었다. 교문 밖을 나서는 태안의 발걸음에 리듬이 실렸다. 그렇게 기다리던 태균이 형과의 약속이 있는 날이기에 다친 정강이도 잊을 만큼 신이 났다. 버스 안에서 태안이는 자꾸만 실없이 웃었다.

"혀엉! 3분 형!"

벌써 나와 기다리던 태균이를 보고 태안이는 가방을 흔들며 뛰었다. 태균이도 일어나 태안이를 반겼다.

"수업이 좀 일찍 끝나서 먼저 나왔어. 아빠는 잘 계시고?"

"응. 요즘에도 매일 늦고 가끔 술도 드시지만, 휴일에는 나랑 같이 놀아 주셔. 엄마는?"

둘은 만나면 엄마 아빠에 관해 서로 묻는다. 둘이는 매달 만나지만 부모님은 전혀 만나지 않으시기 때문이다. 태안이도 엄마 계신집에 자주 가진 못한다. 엄마도 일을 하니까 밤에나 오는 데다가 태안이는 아빠가 마음에 걸려 일찍 돌아오니 만날 기회가 많지 않다.

"엄마도 여전히 바쁘지 뭐. 너는 학교생활 괜찮아?"

태균이는 자신은 다니던 곳에 계속 남았지만 이사를 하면서 학교를 옮긴 태안이가 염려스러워 물었다. 태안이의 수줍고 말없는 성격을 알기에 친구들과 잘 지내는지 늘 걱정이었다.

"그냥 그래. 형이랑 다녔던 학교가 훨씬 좋긴 하지만 여기도 지낼 만해. 친구도 생겼고."

태안이는 형이 걱정할까봐 사정 얘기를 숨겨 왔다. 형이 안다고무슨 수가 나는 것도 아니고, 괜히 형의 마음만 무겁게 할까봐 그런 것이다.

"친구? 남자 친구? 아니면 여자 친구? 잘됐다. 네가 친구 생겼다니 너무 좋다, 야."

태균이가 진심으로 기뻐하며 태안이와 못했던 얘기를 나눴다. 시켜 놓은 햄버거를 먹으며 신나게 말하던 태균이가 순간 태안이의 다리를 보고는 깜짝 놀라 물었다.

"너, 이거 어디서 난 상처야? 응? 어디서 다친 거야? 핏자국도 있는데?"

태안이가 대충 얼버무리려는 데도 계속 믿지 않고 물어 대는 통에 사실대로 말할 수밖에 없었다.

"쌍둥이인데 내가 네 거짓말을 모르겠니? 그런 일이 있으면 진즉 형한테 말했어야지. 왜 그걸 여태 숨겼어? 만날 때마다 잘 지낸다고 했잖아? 왜 그렇게 혼자만 힘들어했던 거야?"

동생이 이제껏 왕따를 당해 왔다는 사실을 알게 된 태균이 분이 나서 소리쳤다. 얼마나 괴로웠을까? 얼마나 학교 가기 싫었을까? 태안이의 마음이 헤아려지는 태균이는 저도 모르게 태안이에게 화를 냈다.

"형이 알았다고 해도 어떻게 해 줄 수 없는 문제잖아. 괜찮아, 형. 이젠 그럭저럭 견딜 만해. 우진이 녀석이랑 평생 같은 반이 되는 것도 아닌데 뭘. 그리고 선생님도 날 이해해 주시고, 또……, 명하도 마음으로 도와줘. 그러니까 괜찮아."

    태안이가 도리어 형을 도닥였다. 화를 내는 형의 진심을 다 알기 때문이었다.

    "괜찮긴 뭐가 괜찮아, 인마! 한 번 왕따 되면 학년 바뀌고 진학해도 계속 왕따 되는 거 쉬워. 우진인가 뭔가 하는 놈만 없다고 왕따 안 되는 줄 알아? 다른 애들은 아무 생각 없이 그냥 덩달아 왕따시키고 괴롭히는 거야. 한심한 일이지."

    태균이는 한숨을 쉬면서 태안이를 바라봤다. 얼굴만 똑같았지,

성격은 너무 다른 형제다. 태균이는 한동안 골똘히 생각에 잠긴
듯 말을 멈췄다. 그리고는 비장하게 입을 열었다.

"방법이 있어."

태안이는 태균이의 진지한 말에 어리둥절한 표정을 지었다.

"방법? 무슨 방법? 내가 무술이라도 배우는 거?"

"농담 하냐? 이 심각한 상황에! 동생이 그렇게 힘든 처지에 있는
데 형님이 안 나설 수가 없지. 내일 이 자리에서 같은 시각에 다시

만나자. 올 때 너희 반 친구들 명단과 특징을 자세히 작성해 오도록! 사진까지 있으면 더 좋고. 거기다 너에게 어떻게 구는지도 적어 와. 알겠나?"

태균은 상사가 명령하듯 단호하게 말하며 뭔가 결심한 표정을 지었다.

"그런 건 뭐에 쓰려고? 애들 풀어서 손 좀 봐주게?"

태안이 농담처럼 말하자 태균이가 전에 없이 진지하게 대답했다.

"내가 깍두기냐? 어쨌든 내일 만나자. 말한 것 꼭 챙겨 와. 밤 동안 더 치밀하게 생각해 보고 내일 얘기해 줄게. 알았지?"

태균이는 내일 중요한 얘기를 하자는 말만 남기고는 평소보다 일찍 돌아갔다.

'무슨 방법이 있다는 걸까?'

태안이는 궁금에 궁금을 더하며 태균이와 헤어졌다.

진리에로의 길은 누구에게나 열려 있다

데카르트는 천 년 이상 세계를 지배하던 신앙의 시대인 중세가 물러가고, 이성의 시대인 근대가 모습을 드러내던 과도기의 유럽에 살고 있었어요. 이성의 시대인 근대가 오고 있긴 했지만 신앙은 이성에게 권력을 순순히 물려주지 않았습니다. 철학자와 과학자들은 교회의 전통적 권위를 내세운 신학자들의 탄압과 협박 때문에 이성을 통해 알아낸 진리를 마음대로 주장할 수 없었어요.

그 배경을 잠깐 살펴보면, 여러분이 잘 알다시피 서양의 중세는 종교(기독교)가 절대 권력을 가지고 있던 시기였어요. 기독교에 따르면 진리는 우리가 발견하는 것이 아니라 이미 우리에게 주어져 있는 것이었어요. 우리가 해야 할 일은 주어진 진리를 믿고 정성을 다해 해석하는 것뿐이죠.

그 진리는 어디에 있죠? 그래요, 바로 진리는 성경 속에 고스란히 담겨 있죠. 그것은 신의 말씀이며 곧 진리입니다. 그렇다면 그 진리를 가장 잘 아는 사람은 누구일까요? 바로 성경을 잘 아는 신부님과

같은 성직자나 신학을 공부하는 사람들이겠죠. 진리를 독점할 수 있었기에 그들은 자연스럽게 지배 권력을 형성할 수 있었어요.

그렇다면 학문의 세계에서 최고의 위치를 차지하고 있던 것은 무엇일까요?

당연히 신학이겠지요. 신학의 지배력은 막강해서 철학도 과학도 모두 신학이 허용하는 범위 내에서만 연구를 할 수 있었어요. 이를테면 철학은 기독교의 교리를 정교하게 다듬는 것에 한해서만 연구할 수 있었고, 과학은 신이 창조한 세계가 얼마나 조화로운가를 확인하는 한에서만 연구를 할 수 있었어요. 철학과 과학은 신학이 시키는 것만 할 수밖에 없었던 거죠. 그래서 중세의 철학은 '신학의 시녀'라는 말이 나오게 된 거에요. 따라서 신학의 허용 범위를 넘어선 철학이나 과학의 연구 활동과 그 성과는 기독교의 권위에 도전하는 것으로 간주되어 종교재판을 받아야 했고 판결에 따라 벌을 받아야 했어요.

그래서 그 당시 철학자나 과학자들에게는 교회와 신학자들이 가장 무서운 존재였죠. 데카르트도 예외는 아니었어요. 데카르트도 천 년 이상 교회의 공식이론이었던 천동설에 반대되는 지동설을 지지하는 《세계(Le monde)》라는 책의 출간을 준비 중이었지만, 갈릴레오가 지동설을 주장하다가 교회로부터 파문을 당했다는 소식을 듣고는 출간을 포기했어요. 하지만 그렇다고 해서 데카르트가 이성을 통해 확보한 진리를 알리려는 노력을 포기했던 것은 아니에요. 데카르트는 다음과 같은 물음을 언제나 마음속에 가지고 있었어요.

어떻게 하면 천 년 이상 세계를 지배해 온 거대한 교회의 부당한 폭력과 탄압에서 벗어날 수 있을까? 거대한 교회의 권위 앞에서 진리를 알면서도 진리를 말하는 것을 두려워하는 과학자들과 과학자들이 전해 주는 진리를 진리인 줄 모르는 대다수의 사람들을 어떻게 하면 내 편으로 끌어들일 수 있을까? 내 과학적 연구 성과를 그대로 주장하여 교회와 갈등을 일으키기보다는 교회와는 되도록이면 불화를 일으키지 않으면서 은밀하게 대부분의 사람들을 내 편으로 끌어들이는 묘수는 뭘까?

데카르트는 인간은 다른 그 어떤 것의 도움 없이 스스로의 힘으로 진리를 알아낼 수 있다고 생각했습니다. 그리고 그것은 인간이라면 누구나 가능한 일이라고 생각했지요. 데카르트는 어떻게 그것이 가능하다고 생각했을까요. 바로 인간이라면 누구나 이성, 즉 참과 거짓을 분별하고 잘 판단할 수 있는 능력이 있기 때문이랍니다.

데카르트는 자신뿐만 아니라 인간이라면 누구나 올바르게 판단할 수 있는 능력, 다시 말해 스스로의 힘으로 참과 거짓을 구별하는 능력을 가지고 있다고 믿었어요. 즉 인간이라면 누구나 이성을 공평하

게 소유하고 있다고 확신하고 있었던 거지요. 그래서 데카르트는 그 이성에 호소하여 사람들의 지지를 받고자 했어요. 따라서 그는 진리에 이르는 길은 그 어떤 사람들에게, 이를테면 신학자들과 같은 소수의 사람들에게 독점되어 있는 것이 아니라 모든 인간에게 열려 있다고 생각했던 거지요.

왕자와 거지

 결단을 내리지 않는 것이야말로 최대의 해악이다.

-데카르트

1 은밀한 계획

다음날이 되었다. 태안이는 영문도 모른 채 태균이가 하라고 했기에 밤 동안 반 친구들 이름을 죽 적었다. 그리고 그 애들의 특징과 어떤 식으로 자신을 대하는지 세세하게 기록했다. 앨범을 뒤져 보니 현장학습 갔을 때 찍었던 단체 사진도 한 장 나왔다. 준비물을 챙겨 나서는 태안이의 마음이 두근두근했다. 마치 첩보 영화의 작전이라도 둘이 꾸미는 것처럼 묘한 기분이 들었다. 형은 도대체 뭘 하려는 걸까? 태안이는 한시라도 빨리 알고 싶었다.

시간에 맞춰 도착하니 어제의 장소에 태균이가 앉아 있었다.

"형 일찍 왔네. 밤새 얼마나 궁금했다고. 어떻게 할 건데?"

"네가 가져온 거나 줘 봐. 나도 준비할 시간이 필요하니까."

태균이는 태안이가 꼼꼼하게 적어 온 명단과 내용을 훑어보기 시작했다. 읽어 내려가며 태균이의 표정이 점점 굳어졌다.

종이를 내려놓은 태균이가 무겁게 입을 열었다.

"이걸 보니까 내 계획을 반드시 실행에 옮겨야겠다는 결심이 선다. 너는 이런 일을 당하고도 왜 가만히 있었던 거니? 어울리는 친구도 없고, 점심시간에도 혼자 있고, 아니면 괜히 맞기나 하고. 내 동생 태안이 맞아? 되든 안 되든 괴롭히는 애들에게 맞서 봐야지 왜 참기만 하느냐고!"

태균이는 다시 보아도 속이 상한지 푹 숨을 내쉬고는 말했다.

"이제부터 나는 네가 되는 거다. 너는 내가 되고."

무슨 말인지 몰라 눈만 깜박이는 태안이에게 태균이가 다시 얘기했다.

"너는 내 학교로 가고, 나는 네 학교로 가겠다는 거야. 내가 너인 척하고 너의 왕따 탈출을 한번 시도해 보겠단 말이야."

너무 놀란 태안이 큰 소리로 되물었다.

"형이랑 내가 '왕자와 거지'를 하잔 말이야?"

"그래. 네 성격이 하루아침에 용감해질 리도 없고, 갑자기 싸움을 잘할 수도 없잖아. 내가 가서 한번 해 볼게. 너를 보는 녀석들의 눈이 확 달라지도록."

소심한 태안이는 생각만으로도 겁이 났다.

"그렇지만 우리 생활이 다르고 성격이 다른데 아닌 척해? 모두들 알아채고 말걸?"

"뭐가 걱정이야. 학교에서 너 쌍둥이인 거 모르지? 게다가 안경만 쓰면 내가 너라고 해도 모두 속을 거야. 겉모습이 똑같은데 누가 알겠어? 그리고 너는 그냥 조용히 학교만 다니면 돼. 우리 학교에서는 나 건드리는 애들 없거든. 혹시 눈치 채더라도 별 문제 없어. 내 친구들 몇 명에게 미리 얘기해 두면 도와줄 거야."

"그래도 나는 겁나는데. 어떻게 내가 형이 돼? 나는 형처럼 인기도 없고, 운동도 못하고, 싸움도 못하는데……."

"네가 왜 못해? 걱정 마. 싸울 일은 없을 거고, 운동은 발목 삐끗했다고 빠지면 되고, 인기는 워낙 내가 쌓아 둔 것이 있으니까 너는 누리기만 하면 된다고."

태균이의 자신만만한 태도에 태안이도 슬슬 용기가 나는 것 같았다.

"자, 너보다 내가 더 문제다. 너는 다녔던 학교니까 교실 위치랑 다 알지만 나는 가서 익혀야 하니까. 이번 일을 성사시키기 위해서는 광범위하고 은밀한 계획이 필요하단 말이야."

"은밀한 계획?"

"그래. 내가 네가 아닌 걸 눈치 채지 못하도록 철저하게 준비해야지. 너희 반 아무도 모르게."

태균이는 단단히 마음먹은 얼굴로 태안이를 바라봤다.

"내 동생 태안이, 형이 아니면 누가 지키겠니. 형만 믿어."

그리고는 태안이의 안경을 가져가 썼다. 태안이가 보아도 정말이지 자신과 똑같았다. 겉모습이야 이 정도면 누구나 속을 것이었다.

"당장 안경부터 해야겠다. 도수 있는 네 안경을 쓰니까 눈이 아프다. 마침 용돈 모은 것이 있으니까 똑같은 것으로 하나 사자. 그리고 아침에 40분 정도는 일찍 나와야 돼. 학교를 바꿔 가려면 시간이 걸리니까. 중간 장소인 여기에서 매일 그날의 일을 서로 보고하고 각자의 집으로 다시 가는 거야. 알겠지?"

태안이는 어리둥절한 표정으로 끄덕거렸다. 그리고 둘은 안경점에서 태안이가 쓴 안경과 똑같은 모양의 안경을 사고 난 뒤 헤어졌다.

태균이가 힘주어 말하던 왕따 탈출의 거사, 그날이 바로 내일부터다. 집으로 돌아온 태안이는 벌써부터 두근대는 가슴을 진정시키느라 방을 왔다 갔다 했다. 태균이의 다짐에 그러자고는 했지만 잘할 수 있을지 떨렸다. 한편으론 자신이 늘 부러워하던 인기짱 태균이가 되어 본다는 생각에 흥분도 되었다.

거사를 위해 일찍 일어나야 하기에 일찍 눕긴 했지만 그 밤이 어떻게 지난지도 모르게 아침이 밝았다.

"자, 책가방부터 바꾸자."

"오늘부터 내가 형이 되는 거야? 아무래도 나는 떨려."

하겠다고 결심은 했지만 여전히 걱정을 떨치지 못한 태안이가 머뭇거렸다.

"뭐가 어려운 일이라고 그래. 형만 믿어. 너를 괴롭히는 애들, 다시는 그러지 못하게 해 줄 테니까."

태균이가 씩씩하고 힘찬 목소리로 태안이를 안심시켰다.

"아 참, 너는 안경을 벗으면 안 보일 테니까 내 친구들이 물어 보면 갑자기 시력이 나빠졌다고 해. 별로 의심하지 않을 거야. 알았지? 저기 버스 온다. 그럼 파이팅!"

태균이가 머뭇거리는 태안이의 등을 밀어 버스에 태웠다. 태균이도 뒤따라온 버스에 올랐다. 태안이를 왕따시키는 학교라…….태균이는 단단히 준비한 얼굴로 창밖을 내다봤다.

학교 정문 앞에 버스 정거장이 있었지만 혹시 있을 아이들의 눈을 피하기 위해 태균이는 한 정거장 앞에서 내렸다. 그리고는 태안이와 똑같아 보이게 하기 위해 일부러 고개를 숙이고 발부리를 보면서 걸었다.

"야, 삼룡이! 땅에 돈 떨어졌냐?"

누군가 태균이의 머리를 심하게 치면서 말했다. 순간 태균이는 울컥하고 화가 치밀어 주먹을 불끈 쥐었다가 아차, 싶어 걷던 길만 걸었다.

'저 녀석이 민규란 놈이군. 만나기만 하면 머리를 친다…….흠, 두고 보자.'

속으로 분을 삭인 태균이가 교실로 들어왔다.

생각대로 태균이에게 인사를 하는 아이들은 아무도 없었다. 친구도 한 명 없이 태안이는 얼마나 외로웠을까 하는 생각에 가엾음이 더 커졌다.

"야, 삼룡, 너 어제 형님 말씀대로 축구 한바탕 뛰었냐? 오호, 다리가 멀쩡한 걸 보니 그랬나 보지? 거봐, 형님 말씀은 틀린 게 없다고. 낄낄낄"

'싸움짱이라는 우진이? 흥! 제까짓 게 싸움을 잘하면 얼마나 잘한다고? 기다려라, 이우진!'

태균이는 이를 굳게 앙다물었다. 아무래도 태안이를 위해서 해 줘야 할 일이 너무 많은 것 같았다.

드르륵.

교실 문이 열리면서 선생님이 들어오셨다. 그러자 아이들이 모두들 빨간색 티셔츠와 흰색 깃발을 꺼냈다.

"자, 오늘 운동회 총 연습을 하는 날이라고 했지? 선생님이 깜빡 잊어서 반장을 통해 전했는데, 모두들 준비해 왔나?"

"네!"

전부 큰 소리로 대답하는데 태균이만 준비물이 없었다. 아이들의 눈이 모두 태균이 쪽을 향하면서 뭔가 의미심장한 눈길로 바라봤다. 태안이처럼 꼼꼼한 성격에 준비물을 빠뜨렸을 리는 없고, 아이들의 눈길에서 태균이는 대번 짐작할 수 있었다.

'태안이만 일부러 빼 놓고 전달했나 보군. 이 녀석들, 너무 심한

거 아냐?'

"선생님, 태안이만 안 가져왔어요. 너 큰일 났다, 무용 선생님 진짜 무서운데."

준형의 말에 선생님이 난감한 표정을 지었다.

"으응, 그렇구나. 어쩌지? 태안이에게만 전달이 안 되었나 본데. 할 수 없지. 그냥 나가야지 뭐."

그때 운동회 연습을 위해 운동장으로 집합하라는 방송이 흘러나왔다. 아이들은 빨간색 티셔츠로 갈아입고 깃발을 휘날리며 신나게 뛰어나갔다. 순간 우진이가 기분 나쁜 웃음을 지으며 태균이를 스쳐 지나갔다. 태균이는 결국 빈손으로 혼자만 파란색 셔츠를 입고 운동장으로 나갔다. 태균이의 그런 뒷모습을 안타까운 듯 바라보는 눈이 있었다. 명하였다. 태안이만 따돌리는 아이들의 행동을 알면서도 왜 미처 생각하지

못했을까, 명하는 스스로를 나무
랐다.

　전 학년이 빨간색 티셔츠와 반별
로 색색의 깃발을 들고 모여선 가운
데, 오로지 한 명, 태균이만 파란색이
었다. 그것도 빈손으로.

　역시나 태균이는　단상에서 아이들을 지휘하
던 무용 선생님의 눈에 단박에 띄었다.

　"저기, 파란 셔츠! 너 뭐야! 응? 오늘 마지막 총 연습이라 한 명
도 빠짐없이 복장 준비물 챙기라고 했어, 안했어? 모두 다 갖춰
입고 왔는데, 너만 그게 뭐야? 네 옷 자랑하려고 그런 거니?"

　얼굴도 무섭게 생긴 선생님의 호된 야단이 운동장에 쩌렁쩌렁
울렸다. 전 학년 애들이 태균이만 바라보는 것 같았다. 이런 망신
은커녕 선생님의 작은 꾸중도 들어본 적 없던 태균이는 무안하게
땅만 내려다봤다. 마음 같아선 당장이라고 뛰쳐나가고 싶었다. 그
렇지만 태안이가 그동안 이런 모욕과 괴로움을 당하며 살았다고
생각하니 더 용기를 내야겠다고 생각되었다. 더 꿋꿋하게 버텨서
아이들에게 본때를 보여 줘야 했다.

그럭저럭 무용 연습도 끝나고 하루의 수업도 끝이 났다. 종일 한 마디도 하지 않던 태균이는 조용히 책가방을 챙겨 학교 밖으로 나왔다. 첫날이니까 태안이라고 믿게 하는 것이 제일 중요하기에 참았지만, 단 하루를 겪었을 뿐인데도 왕따 체험은 지독했다. 아무도 자신에게 말을 걸어 주지 않는다는 것, 자신만 쏙 빼고 나머지만 뭉친다는 것, 슬프고 절망스러웠다. 태안이의 심정이 이랬을까. 태균이는 그 생각이 들자 어서 태안이를 만나고 싶어졌다.

2 둘만의 생일잔치

"형! 나 왔어!"

태안이가 상기된 얼굴로 뛰어왔다.

"넘어지겠다, 야. 천천히 와."

태안이의 얼굴을 보니 다음 말을 듣지 않아도 다 알 것 같았다. 친구들과 이야기를 나누고 같이 밥을 먹는 즐거움에 대한 이야기일 것이다.

"글쎄, 형! 진짜로 나를 형인 줄 알더라니까. 다들 와서 말도 걸고, 장난도 걸고, 밥 먹을 땐 서로 내 옆에 오려고 하는데, 얼마나 재미있던지. 형, 아무래도 나는 연극배우를 해야 할까 봐. 아무도 의심을 안 해. 안경까지 썼는데 말이야!"

"거봐, 인마. 걱정할 것 없다고 했잖아. 그래, 인기짱 스타 노릇 해 보니까 기분 좋아?"

태균이의 물음에 태안이 쑥스러운 듯 얼굴을 붉혔다.

"내가 가짜로 형 행세하는 건데도 진짜 인기짱이 된 것 같아서 너무 좋았어. 내가 원래 학교 가면 한 마디도 안 하거든. 그런데 형 학교에 가니까 나도 모르게 말이 막 나오는 거야. 내가 이렇게 재미있는 말도 잘 하나, 나 스스로도 놀랄 정도였다니까."

태안이의 환한 웃음과 신나하는 모습을 보면서 태균이는 살짝 미소를 지었다. 이렇게 하길 정말 잘했다는 생각도 들었다. 풀 죽어 쓸쓸해하던 태안이가 저렇게 좋아하는 모습을 보니 태균이의 결심은 더 굳혀졌다.

'다시 태안이가 되어서도 저 웃음을 잃지 않도록 해 줘야지.'

태안이는 흥분이 가라앉지 않는지 학교에서의 일을 계속 조잘거렸다. 누가 무슨 얘기를 해 주었다는 둥, 예쁘게 생긴 옆 반 여자아이가 몰래 편지를 주고 갔다는 둥, 친구들이 화장실 가는데도 쫓아왔다는 둥.

"태안아, 이런 것이 원래 네 모습이야. 연기가 아니라 진짜 네 모습. 친구들과 밝게 어울리고 신나게 노는 네 모습을 다시 찾아. 우울한 건 우리 브라더스의 것이 아니라고."

좀 더 얘기를 나누던 태안이와 태균이는 다시 가방을 바꿔 메고 각자의 집으로 헤어졌다.

'같은 집으로 함께 갈 수 있다면⋯⋯.'

등을 돌리면서 둘은 똑같은 생각을 했다.

집이 가까워지자 낮의 즐거웠던 기분도 서서히 사라지는 것 같았다. 보나마나 집은 어둑어둑하게 비어 있을 것이었다. 태안이는 터벅터벅 계단을 올라가 비밀번호를 꾹꾹 눌렀다.

"삑삑. 철컥!"

번호를 누르고 있는데 갑자기 문이 열렸다. 깜짝 놀란 태안이가 쳐다보니 아빠가 서 계시는 것이었다.

"아빠, 웬일이세요? 이렇게 일찍?"

너무나 좋기도 하고 의아하기도 한 태안이의 물음에 아빠가 싱긋 웃으며 대답하셨다.

"왜긴, 우리 태안이 보고 싶어서 왔지."

그러고 보니 집 안에는 고소한 참기름 냄새도 배어 있었다. 훨씬 전부터 뭔가 준비하고 계셨나 보다. 앞치마를 두른 아빠의 모습이 우습기도 하고 좋기도 해서 태안이는 기쁨을 감출 수 없었다. 학교에서의 신났던 일까지 생각나 너무나 행복해진 태안이가 외쳤다.

　"아빠, 오늘 꼭 제 생일 같아요. 일 년 중에서 제일 행복한 날, 아, 매일 이랬으면!"

　"녀석, 내일이 진짜 네 생일이잖니. 자기 생일도 모르다니. 아빠가 매일 일찍 나가고 늦게 들어와서 미안하다. 내일 아침에 못할 것 같아서 오늘 특별히 조퇴를 하고 요리 중이란 말씀!"

　자신도 미처 생각하지 못했는데 정말 내일이 태안이 생일이었다. 형에게 줄 선물을 준비해야겠다는 생각을 하는데, 갑자기 배가 고파왔다.

　"아빠, 얼른 우리 밥 먹어요. 아빠가 이렇게 일찍 와서 밥도 해 주니까 식구들이 사는 집 같아요! 와, 너무 좋아요. 꼭 엄마랑 형이 같이 살 때처럼."

순간 태안이는 손으로 입을 막았다. 말 실수를 하고 만 것이다. 아빠는 엄마와 헤어진 후 엄마의 얘기가 나오는 것을 꺼려 했다. 뭔지 잘 모르겠지만 엄마와의 사이에 있는 문제를 해결하지 못해서 아직 감정이 남아 있는 것 같았다. 표정이 약간 굳어졌던 아빠가 얼른 화제를 돌렸다.

"자, 찌개가 식겠어요, 어서 먹어요~."

태안이는 괜한 말을 꺼내 아빠를 속상하게 한 것 같아서 일부러 더 과장하며 맛있게 먹었다. 예전 같았으면 쌍둥이 형제의 생일이라고 시끌벅적하게 음식도 하고 선물도 다투어 뜯어 보았을 텐데…….

태안이의 생일은 그렇게 아빠와 단 둘이 조촐하게 지나갔다.

3 위험한 순간

태안이와 태균이가 학교를 바꿔서 다닌 지도 일주일이 지났다. 둘이는 이제 습관처럼 같은 시각에 만나 가방을 바꾸고, 같은 시각에 다시 만났다. 태안이는 여전히 즐거워하면서 인기짱 태균이 노릇을 했다. 태균이는 왕따 체험을 하면서 슬슬 행동을 개시해야겠다고 생각하고 있었다.

"야, 벙어리 삼룡이!"

또 민규였다. 태균이의 머리를 툭 치고 가는 바람에 태균이가 공들여 넘긴 머리카락들이 흩어졌다.

"벙어리 아닌 너는 왜 말로 인사를 안 하고 머리를 치는데? 너야 말로 벙어리라서 수화하는 거냐?"

처음 듣는 태균이의 대꾸에 민규의 입이 떡 벌어졌다.

"너, 너, 나한테 한번 해 보자는 거야?"

그러면서 민규가 태안을 바라보는데, 그 눈이 조금 떨려 왔다.

"난 이성을 가진 사람이다. 너하고는 어떤 것도 할 가치도 없어."

늘 맞기만 하던 태안이, 맞아도 가만히 있는 태안이가 저런 대꾸를 다 하다니, 민규는 처음 보는 태안이의 모습에 충격을 받았는지 더 대꾸도 하지 못하고 슬그머니 뒤로 빠졌다.

당당하게 자기 의사 표현만 해도 함부로 놀리지는 않을 것을, 저렇게 아무것도 아닌 녀석에게조차 맞고 다녔던 태안이를 생각하니 화가 치밀어 사실은 한 방 먹여 주고 싶은 생각도 들었다.

그렇지만 한 방 먹이지도 않았는데 이미 한 방 맞은 표정으로 도망치듯 가 버리는 민규를 보니 태균이는 기분이 풀렸다. 이걸 태안이가 봤더라면 너무 신나했을 것이다.

태안이의 학교를 다닌 후로 가장 좋은 기분으로 교실로 향하는데 저쪽에서 선생님이 부르셨다.

"태안아, 마침 잘 만났다. 선생님이 갑자기 교육청에 가야 할 일이 생겨서 1교시는 들어가지 못할 것 같아. 지금 급하게 가는 길이라 애들에게 말도 못 전했다. 선생님 책상에 있는 수학책 애들에게 다 돌려주고 1교시는 자습하라고 전해 주렴. 알았지?"

선생님은 얼마나 바쁘셨는지 태균이의 대답도 채 듣지 않고 뛰어가셨다.

'애들 이름이랑 얼굴을 아직 다 익히지 못했는데 어쩌지.'

태균이는 조금 걱정이 되었다. 이름대로 나누어 주어야 하는데 사진으로만 보던 반 애들이라 아직 잘 모르는 아이도 있었던 것이었다.

교실에 들어온 태균이는 어쨌든 선생님 말씀대로 칠판에 '자습'이라고 적고 사정을 전했다. 교탁에 서서 반 아이들 전부를 보고 또박또박 말하는 태균이의 모습에 아이들은 놀란 표정을 지었다.

"야, 삼룡이, 네가 웬일이냐? 너 벙어리 병, 고쳤냐?"

누군가의 말에 아이들이 와하하 웃음을 터뜨렸다. 더 이상의 대꾸도 하지 않은 태균이는 책상 위의 수학책을 집어 들고 아이들에게 나눠 주기 시작했다. 이름을 잘 모르겠는 아이는 대충 짐작으로 올려 놓았다. 책을 모두 나눠 주고 자리에 앉았는데 아이들이 웅성이기 시작했다.

"영석이 책을 왜 나한테 줘? 너 한글도 모르는 거 아냐?"

"여기 기현이 책도 있다!"

"이거 내 책 아닌데! 너 골탕 먹이려고 일부러 그러는 거지?"

수학책을 제대로 받지 못한 아이들이 떠들어 댔다. 태균이는 속으로 무척 난감했지만 내색할 수 없었다. 그저 못 들은 체하고 책 사이에 끼워진 문제지만 들여다보면서 풀고 있는 척했다.

한참 뭐라고 투덜대던 아이들은 알아서 제 책들을 찾아 잘못 전달된 애들과 바꿔 갔다. 이 정도로 넘어가서 다행이었다. 별달리 아이들은 태균이를 의심하지는 않는 것 같았다.

태균이는 그렇게 한 번의 위기가 넘어가고 평소처럼 혼자 조용히 수업을 듣고, 혼자 조용히 밥을 먹었다. 태안이가 항상 그랬던 것처럼.

점심시간에 운동장에 나와 태균이는 공을 차는 아이들을 구경했다. 벤치에 가만히 앉아 있으려니 몸이 근질거렸다. 태균이는 운동이라면 반에서, 아니 학교 전체에서도 태균이를 따를 사람이 없었다. 태균이의 날쌘 몸놀림과 정확한 발차기를 보고 가슴 설레하는 여자애들도 한둘이 아니었다. 그런데 태안이 노릇을 하느라 운동에는 끼어 보지도 못하고 구경만 하고 있다니, 가서 멋지게 슈팅을 날려 주고 싶은 마음에 태균이는 발이 흔들거렸다.

'자꾸 공을 빠뜨리고 실수만 하는 녀석들, 에이, 저렇게 차면 안 되는데, 저기 저 녀석 뭐야! 거기서 가만히 서 있으면 어떡해! 얼른 뛰어가 공을 기다려야지!'

태균이는 괜히 축구 감독이라도 된 것처럼 아이들의 움직임을 보면서 속으로 외쳤다. 답답한 마음에 수돗가로 가서 얼굴을 씻고 슬슬 교실로 들어가려는데 운동장에 아이들이 거의 없었다. 생각에 빠져 수업 시작 종도 듣지 못했던 것이다. 태균이는 서둘러 교실로 들어갔다.

'어, 아이들이 다 어디 갔지?'

교실은 텅 비어 있었다. 운동장에서 들어왔으니 체육을 하러 나간 것은 아닐 테고, 의아해하며 자리에 앉는데 칠판의 글씨가 눈에 들어왔다.

'음악실로 오시오.'

글씨를 본 태균은 순간 당황했다. 태안이에게 학교의 지리에 대해 듣긴 했지만 음악실은 잘 생각이 나질 않았다. 좀 일찍 들어왔으면 따라서 가면 되는 것이었는데, 아이들은 이미 다 가 버렸고

혼자 찾아가야만 했다.

 태균이는 얼른 책을 챙겨 들고 복도로 나갔다. 그런데 마침 여선생님 한 분이 지나가셨다.

 "선생님, 저 음악실이 어디예요?"

 다행이다 싶어 그 선생님을 붙들고 물어보는데 선생님이 이상하다는 표정으로 말했다.

 "4층 특기적성 교실 옆에 있다. 이 학교 학생 같은데……, 아닌가?"

 선생님의 의아한 눈초리를 볼 새도 없이 태균이는 잽싸게 계단을 뛰어올랐다.

 그런 태균이의 모습을 멀리서 보는 눈이 있었다. 바로 신문부장 이윤진이었다. 공책을 가지러 교실로 다시 오다가 태균이가 음악실을 찾는 모습을 본 윤진이는 고개를 갸웃하며 눈을 가늘게 떴다. 무슨 냄새를 맡았을 때의 표정이었다. 윤진이는 반에서 일어나는 일은 무엇이나 철저하게 조

사하고 기사를 썼다. 아이들은 이것을 좋아하기도 하는 한편 싫어하기도 했다. 일어난 일들의 내막을 모두가 알게 해 주는 '진실의 기사' 때문에 반 신문 보기를 좋아하지만, 반대로 쫓아다니면서 물어보고 개인적인 일을 캐려고 하는 것은 싫었다. 남의 일을 아는 것은 재미있고 내 일이 알려지는 것은 싫은, 뭐 그런 마음들이었다.

'기형이와 예진이의 핑크빛 열애설' 같은 것도 윤진이가 밝혀 낸 진실이다. '선생님이 오십 번째 맞선을 보던 날', '싸움짱 우진이의 싸움 비결' 그런 것도 윤진이의 기사거리였다.

그런 윤진이에게 음악실을 찾던 자신의 모습이 들켰다는 것을 태균이는 몰랐다.

4 영화를 보다

"오늘은 위험한 순간이 두 번이나 있었다."

태균이가 태안이를 만나자마자 말했다.

"하필 선생님이 책 주인을 찾아서 나눠 주라는 거야. 아직 모르는 애들도 있는데 말야. 거기다가 혼자 음악실을 찾아가야 돼서 얼마나 당황했다고."

"진짜? 형 그러다 들키는 거 아냐? 들키면 어떡해. 난 너무 걱정돼."

"겨우 그런 걸 가지고 뭐. 그리고 걱정 마. 이 형이 다 알아서 할 테니까."

태균이가 걱정으로 울상 짓는 태안이를 위로했다.

"너는? 너는 별 일 없었어?"

"응. 나야 매일 즐겁지 뭐. 그런데 형, 미나가 형 여자 친구야?"

"미나? 으응. 그냥 옆 반 애지 뭐. 왜, 그 애가 뭐라고 해?"

"내 책상에, 아니, 형 책상에 미나라는 애가 매일 카드랑 초콜릿을 놓고 가더라. 형 되게 좋아하나 봐."

태안이가 놀리듯이 말했다.

"야, 나한테 그러는 여자 애가 한둘인 줄 아냐? 너무 많아서 이름도 다 모를 정도야. 너는 얼굴도 나랑 똑같은데 좋아하는 여자 애도 없어? 얼굴값 좀 해라, 인마."

"나도 좋아하는 여자애는 있다, 뭐. 미나보다 훨씬 예쁜 애."

태안이가 샐쭉 삐친 척 말하자 태균이가 웃으면서 말했다.

"명하?"

"응? 형 그거 어떻게 알았어?"

태안이가 정말 놀란 듯이 물었다.

"내가 이래 봬도 사나이의 직감이 있단 말이지. 첫날부터 눈치

챘어. 명하 걔, 날 보는 눈이 그냥 친구는 아니던데?"

"뭐? 형이 아니라 김태안, 나를 보는 눈이겠지! 아, 그런데 사실 명하가 나한테 관심 있는지 긴가민가했거든. 형이 느끼기에도 그런 것 같아?"

"프로의 눈은 속일 수 없다 이거야. 짜식, 다른 친구는 없어도 여자 친구는 있네."

태균이가 장난처럼 말하다가 아차 싶어 입을 다물었다. 태안이의 아픈 곳을 콕 찌른 것 같아 미안해졌다.

"괜찮아, 형. 나 이제 그런 것에는 많이 익숙해졌어. 그리고 이제는 김태균이 되어서 친구가 얼마나 많은데. 너무 많아서 정리를 해야 할 정도야. 언제까지 이런 걸 누릴 수 있을지는 모르겠지만……"

말끝을 흐리는 태안이의 어깨를 태균이가 탁 치며 말했다.

"김태안도 인기짱으로 다시 태어나면 되지!"

너무 오래 얘기를 하다 보니 다른 날보다 더 늦어져 버렸다. 둘은 바쁘게 일어서 언제나처럼 각자의 집으로 헤어졌다.

다음날, 버스에서 내린 태균이는 슬슬 학교로 걸어갔다. 횡단보도를 건너 교문을 들어서는데 저쪽에 민규 녀석이 보였다. 태균이는 일부러 민규 옆에 서서 나란히 걸었다. 민규는 순간 찔끔 놀란 듯 태균이의 시선을 피했다.

"같은 반 친구끼리 인사 좀 하고 지내자?"

태균이 말에 민규가 주저하며 말했다.

"으응. 아, 안녕?"

"그래, 좋잖아. 머리 치는 대신 인사, 안녕? 얼마나 좋냐, 그렇지?"

그러면서 태균이가 민규의 머리를 툭 치고 앞서 가면서 민규를 향해 눈을 찡긋했다. 민규는 그만 놀라서 자리에 얼어붙은 듯이 서 버렸다. 뒷통수를 때리던 민규에게 한 마디 한 그날 이후로 민규는 겁을 먹고 있었다. 소심한 태안이의 너무나 다른 행동에 놀란 것이었다. 게다가 이젠 자신이 도리어 머리를 맞다니, 상상도 할 수 없는 일이 벌어진 것에 민규는 입을 못 다물었다.

'민규 녀석 하나는 접수 됐어.'

태균이는 좋은 기분이 되어 교실로 들어갔다. 아이들 모두 태균이의 경쾌한 얼굴에 의아한 눈빛을 보냈다. 항상 고개를 푹 숙이고 우울한 표정으로 조용히 자리에 앉던 태안이었는데 말이다. 우진이가 시비라도 걸까 봐 무서워서 피해 다니던 태안이었는데, 고개도 꼿꼿하고 걸음도 당당했다. 그런 태안이가 이상스러워 아이들은 수군거렸다. 그 중에 유독 윤진이의 눈이 빛났다.

그때 선생님이 들어오셨다.

"오늘은 특별히 너희들에게 영화 한 편을 보여 주려고 한다."

선생님의 말이 떨어지기가 무섭게 아이들이 책상을 두들기며 환호했다.

"선생님, 애인이라도 생기신 거예요? 저희들에게 이런 서비스를 다 해 주시다니!"

"너무 멋져요. 우리 선생님 최고!"

"오십 번째 맞선에 성공하신 거죠? 그렇죠? 우리 선생님, 드디어 이성에 눈 뜨다!"

수업 대신 영화를 보여 준다는 것에 들뜬 아이들이 떠들어 댔다.

교탁을 탁탁 두드리면서 선생님이 무게 있게 말씀하셨다.

"어허, 녀석들이 선생님을 그렇게 놀리면 되겠어? 이 녀석들아, 선생님이 이성에 눈 뜬 것이 아니라 너희들의 이성을 좀 찾게 하려고 그런다."

선생님의 말에 아이들이 금세 풀이 죽어 대답했다.

"그럼 뭐 어렵고 심각한 영화 보여 주시려고요? 그런 건 재미없는데……."

"그때 선생님이 말씀하시던 이성 1탄에 이어지는 거예요?"

윤진이의 말에 선생님이 반색하셨다.

"오, 그래. 윤진이 오늘, 제대로야! 너희들 2탄이 궁금했지? 너희들의 간절한 열망에 힘입어 2탄을 준비했단다."

"에이, 이성 같은 거에 간절한 열망 가진 적 없다고요, 뭐. 다른 이성이라면 모를까."

기형이의 말에 선생님이 허허 웃으며 대답하셨다.

"어려운 얘기 나올 까봐 걱정 되는구나? 기대하시라, 오늘의 영화는~ 두두두두 〈매트릭스〉!"

선생님이 고른 영화에 아이들이 의외란 듯이 놀라면서도 좋아했다.

"본 친구들도 있겠지만 다시 봐도 지루하지 않을 거다. 자, 우리 일단 이 영화를 보고 깊은 대화를 나눠 보자구나."

깊은 대화는 나중이고, 아이들은 어쨌거나 수학 시간을 빼먹고 영화를 본다는 사실에 신나했다.

선생님은 언제 준비하셨는지 커다란 까만색 천을 창가에 쳤다. 복도 쪽의 창에도 커튼을 내리고 나니 영화관 비슷한 분위기가 났다. 선생님은 컴퓨터에 텔레비전을 연결하고 영화 〈매트릭스〉를 실행시켰다. 아이들은 침침하게 시작되는 영화에 곧 빠져 들어 누구 하나 작은 소리도 내지 않았다.

이성을 업그레이드시키기 위해서는
방법이 필요하다

앞서 말했듯이 데카르트는 인간이라면 누구에게나 올바르게 판단할 수 있는 능력, 즉 이성이 주어져 있다고 생각했어요. 그런데 데카르트의 주장대로라면 누구나 잘 판단하고 참과 거짓을 올바르게 구분할 수 있어야 하지만, 현실은 그렇지 않잖아요? 이성적으로 판단하고 행동하는 사람들이 그렇게 많다고는 할 수 없잖아요? 그 이유가 뭘까요? 데카르트는 사람들이 이성이 없어서가 아니라 가지고 있는 이성을 올바르게 사용할 줄 모르기 때문이라고 생각했어요. 이성에 대한 사용법을 몰라서 이성을 제대로 사용하고 있지 못하고 있다는 거죠. 이를테면 우리 이성은 팬티엄급인데 잘 사용할 줄 몰라서 그냥 386 정도로만 사용하고 있다는 겁니다.

어떻게 하면 우리의 이성을 업그레이드시킬 수 있을까? 그 방법을 가르쳐 주고 있는 책이 바로 그 유명한 《방법서설(Discours de la methode)》이라는 책입니다. 데카르트는 이 책을 모국어인 불어로 썼어요. 그 당시 학자들은 책을 일반적으로 중세 공식 학술 언어였던 라틴어로 썼는데, 데카르트가 그 책을 불어로 썼다는 것은 그 책이 많이 읽히기를 간절히 원했다는 것을 알 수가 있죠. 사람들이 이성을 올바르게 사용하는 방법을 알고 그 방법이 제시하는 규칙들을 준수함으로써 보다 많은 사람들이 올바른 판단을 할 수 있게 되면 과학적 진리가 교회의 주장보다 더 설득력이 있음을 알게 될 거고, 그러면 교회의 권위에 맞서 충분히 싸워 볼 만하다는 것이 데카르트의 전략이었다고 할 수 있습니다.

데카르트는 진리를 탐구할 때 지켜야 할 네 가지 규칙을 방법으로 제시하고 있어요. 이 규칙들만 잘 지키면 누구나가 올바른 판단을 하고 진리를 획득할 수 있을 거라고 데카르트는 생각했어요.

그 네 가지 규칙은 이렇게 요약할 수 있어요.

1. 의심의 규칙 : 분명하게 참이라는 판단이 서는 것 외에는 그 어떤 것도 참된 것으로 받아들이지 말 것. 즉 성급한 판단과 편견을 신중히 피하고 조금도 의심의 여지가 없을 정도로 분명하고 뚜렷하게 내 정신에 나타나는 것 외에는 그 어떤 것에 대해서도 판단을 내리지 말 것.
2. 분석의 규칙 : 검토할 문제들을 잘 해결할 수 있도록 각각의 대상

을 가능한 한 작은 부분으로 나눌 것.

3. 종합의 규칙 : 내 생각들을 순서에 따라 이끌어 나갈 것. 즉 가장 단순하고 알기 쉬운 대상에서 출발하여 마치 계단을 올라가듯 조금씩 올라가 가장 복잡한 것의 인식에까지 이를 것. 그리고 본래 전후 순서가 없는 것에도 순서를 정하고 나아갈 것.

4. 열거의 규칙 : 아무 것도 빠뜨리지 않았다고 확신할 정도로 완벽하게 열거하고 전반적으로 검토할 것.

쉽게 이해할 수 있도록 규칙들이 나온 배경을 말해 두자면, 우선 이 규칙들은 데카르트가 사람들에게 가르쳐 주기 위해 일부러 만들어 낸 것이 아닙니다. 그는 어려서부터 증명을 통해 정확하고 확실한 답을 얻을 수 있는 수학과 기하학을 좋아했어요. 데카르트는 수학과 기하학의 문제를 풀 때 규칙을 정확하게 지켜서 상당한 성과를 거둘 수 있었습니다. 그래서 데카르트는 자연을 탐구할 때도 규칙을 지켰지요. 그 결과 많은 진리들을 알게 되었고, 그러한 자신의 경험을 사람들에게 알려 줌으로써 사람들로 하여금 정확하고 확실한 지식, 즉 진리에 다가설 수 있게 하려고 했어요.

수상한 태안이

 진리란 오류의 반대이다.

-데카르트

1 의심을 하다

"자, 그만 현실로 돌아오세요."

마지막 자막까지 끝나자 선생님은 까만색 천을 다시 걷고 창의 커튼도 열었다. 영화를 보기 시작할 때의 들뜬 기분은 어디로 가고, 아이들은 심각하고 침울한 얼굴이 되어 있었다.

"왜, 영화가 재미없어?"

"아니요, 저 영화에서처럼 우리가 사는 세상 모두가 다 가짜라면, 하는 생각이 드니까 무서워요."

준형이의 말에 아이들이 여기저기서 끄덕였다.

"너희들 선생님이 진짜처럼 보이니?"

그러면서 선생님이 으스스한 목소리로 물으셨다.

"꺄악!"

아이들은 소리를 지르고, 여자 애들 몇몇은 책상에 엎드려 울기도 했다.

"귀신 영화를 본 것도 아닌데 왜들 그러냐? 자, 그만하고, 너희들은 영화를 보고 나니까 어떤 생각이 드니?"

"정말로 선생님이 진짜일까요? 저도 반 친구들도, 세상 모두가 정말 거짓말일 수도 있는 걸까요? 왠지 세상이 의심스러워요."

영석이가 평소 같지 않게 진지한 말투로 대답했다.

"저는요, 모든 것을 의심하지 않았거든요. 원래 세상은 그런 거고, 배우는 것들도 원래 그런 거라고 생각했어요. 그런데 아닐 수도 있겠다는 생각이 들어요."

조용한 성격의 명하가 심각하게 말했다. 자기 생각을 잘 표현하지 않는 명하조차 영화를 보면서 충격을 받았나 보다.

"모든 게 다 의심스러워요. 내가 아는 게 진짜 아는 것일까, 그런 생각이요."

윤진이도 말을 이었다.

이런저런 아이들의 말을 듣던 선생님이 칠판에 '의심'이라고 크게 쓰셨다.

"너희들에게서 벌써 답이 다 나온 것 같구나. 너희들 수준을 선생님이 너무 의심했나 본데, 하하하."

아이들의 대답이 만족스러웠는지 선생님은 기분 좋게 웃으면서 말씀하셨다.

"이성에 대해 선생님이 들려 줬던 이야기들 기억하고 있지? 자신의 이성을 통해 참과 거짓을 올바르게 구분해야 한다고 했었지? 그런데 그 이성이 잘 발휘되어 진리를 깨닫게 되려면 어떤 방법이 필요하단다. 그 방법에 대해 말하고 싶어서 선생님이 오늘 이 영화를 고른 거야."

선생님은 잠깐 말을 멈추고 아이들을 죽 훑어보셨다.

"너희들이 아는 것이 진짜 아는 것이 맞을까? 참이라고 생각한 것이 정말 참일까? 우리가 진짜 참에 이르려면 의심을 먼저 해야 한다. 영화를 보고 아까 너희들이 말했듯이 알고 있는 모든 것, 또 내가 행동하고 있는 모든 것이 과연 옳은 것인가, 의심하고 또 의심해 봐야 한다. 의심이란 자기 스스로 어떤 것에 대해 다시 생각해 보는 것이다. 그러니 의심을 통하지 않는 진리라는 것이 있을 수 있겠니? 자기 생각과 판단을 거쳐야만, 의심을 해 보아야만 참인지 거짓인지 가릴 수 있는 것이니까 말이다."

조용히 듣고 있는 아이들을 보며 선생님이 말씀하셨다.

"데카르트는 말이다, 의심을 통해 참에 이르기 위한 몇 가지의 방법을 제시했단다."

"어! 선생님이 좋아하는 데카르트 얘기예요?"

데카르트 이름이 나오자 기형이가 얼른 아는 체를 했다.

"그래, 요 녀석아, 내가 좋아하는 데카르트 얘기다. 데카르트는 조금이라도 의심스러운 것은 머릿속에 넣지 말라고 했단다. 성급하게 판단하거나 선입견을 가지지 말고 분명하고 뚜렷한 것으로 드러날 때까지 모든 것을 의심하라는 거지. 또 검토할 문제들을 잘 해결할 수 있도록 각각의 대상을 가능한 한 작은 부분으로 쪼개라고 했단다. 이렇게 쪼개 놓은 것들을 모아서 우리에게 주어지는 복잡한 것들을 확실하게 알아가야 한다고 했지."

"그렇다면 그 얘기는, 쉬운 것을 하나하나 확실하게 알아서 복잡하고 어려운 것을 알아나가라는 건가요?"

똑똑한 것으로 둘째가라면 서러울 윤진이가 아는 체를 하며 질

문했다. 윤진이의 말에 선생님은 흡족해하며 대답하셨다.

"바로 그것이다. 수학 시간에 너희를 괴롭히는 정육각형을 생각해 보자. 정육각형에 대해서 우리는 곧바로 확실한 지식을 갖기 힘들지만 그것을 정삼각형 여섯 개로 쪼갤 경우, 정삼각형에 대해서는 내각의 합이 180도라는 것, 그것의 한 각은 60도라는 것을 확실하게 알 수 있지. 그런데 정육각형의 한 각은 정삼각형의 두 각의 합이므로 120도, 정육각형은 한 각이 120도인 각이 6개 있으므로 정육각형의 내각의 합은 720도라는 것을 확실하게 알 수 있게 된다, 이거지."

아이들이 그제야 고개를 끄덕이며 알았다는 듯 눈을 빛냈다. 구체적인 예를 들어 주니 금방 이해되는 것 같았다.

"이렇게 알아본 문제의 모든 요소를 빠뜨리지 않고 검토하는 마무리도 있어야겠지? 수학 문제를 풀 때 검산을 꼭 해 봐야 하는 것처럼 말이다."

선생님의 말씀에 아이들이 귀를 세우고 들었다.

"선생님이 하는 말이라고 무조건 믿어선 안 된다. 남이 그렇다니까 그대로 따라 해서도 안 된다. 원래 그렇다고 그냥 믿어서도 안 된다. 자기 스스로 의심하고 판단해라. 그것이 참이야."

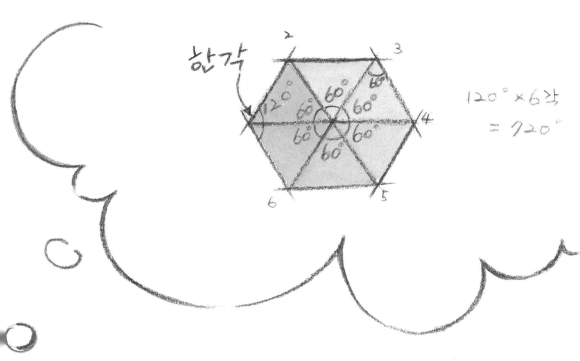

"그럼 지금까지 하신 선생님 얘기도 믿으면 안 되는 건가요?"

기형이의 장난 같은 대꾸에 아이들이 낄낄거렸다.

"흠흠. 그건 너희들의 판단에 맡긴다. 이상, 수업 끝!"

태균이는 아이들을 바라보며 유난히 힘주어 말씀하시는 선생님의 모습에서 진심을 느낄 수가 있었다. 수학 문제보다 더 중요한 것을 가르쳐 주고 싶어 하는 마음을 말이다.

"수학 시간 빼먹었으니 집에서 72쪽부터 78쪽까지 문제 풀어 오기. 알겠나?"

수학 시간을 빼먹어서 좋아했던 아이들이 아우성을 쳤다. 그렇지만 얻은 것에 비하면 가벼운 숙제였다.

2 싸움짱과 맞붙다

두 시간을 영화 보기로 보냈더니 금세 시간이 지나 급식 시간이
되었다. 당번이 급식 차를 끌고 오자 아이들이 빨리 먹고 나가서
놀려고 우르르 몰렸다.

"앗 뜨거!"

갑자기 우진이의 목소리가 교실에 퍼졌다.

"어, 어쩌지? 미안해. 뒤에서 미는 바람에 식판이 흔들렸어. 많
이 데었어?"

민규가 잔뜩 겁먹은 소리로 우진이에게 사과를 했다.

"야! 식판을 똑바로 들어야지, 넌 힘도 없냐? 사내자식이 계집애처럼 그런 거에 흔들리고. 너 이 옷이 어떤 옷인 줄이나 알아? 우리 아빠가 외국에서 사다 주신 거란 말이야! 너 물어내!"

우진이의 얼굴은 붉으락푸르락하며 성질이 잔뜩 나 있었고, 민규는 어쩔 줄 몰라 쩔쩔매고 있었다.

하필 육개장 국물이라 우진이의 옅은 베이지 색 옷은 빨갛게 물이 들었다.

"아유, 이걸 그냥! 너 지난번에 내 발 밟은 것도 한 번 참아 줬는데, 일부러 그러는 거냐? 이 옷 어떻게 할 거야!"

우진이는 화를 참지 못해 주먹을 불끈 쥐어 올렸고, 민규는 곧 울 듯한 얼굴로 어깨를 움츠렸다.

"그까짓 옷이야 빨면 그만이지, 실수로 그런 것을 웬 난리냐?"

태균이가 자기도 모르게 불쑥 말해 버렸다. 원래 정의에는 앞장서고 불의를 보면 참지 못하는 태균이였다. 이것이 태균이의 인기 비결 중의 한 가지였던 것이다. 여기서는 태안이처럼 가만히 있어야 하는 건데 우진이의 지나친 행동에 그만 분노가 치솟아서 나서고야 말았다.

"어쭈, 이게 누구야, 삼룡이 아니야? 야, 왕따 김삼룡, 너는 네 일이나 잘 하셔, 응? 형님 열나는 데 건들지 말고!"

우진이가 상대할 가치도 없다는 듯이 태균이를 비웃었다.

"나는 김삼룡이 아니라 김태안이다. 그리고 너야말로 애들에게 괜히 주먹 자랑이나 하지 말고 네 공부나 신경 쓰시지!"

사실 성적이 좋지 않았던 우진이는 공부를 못한다는 것을 꼬집은 것에 화가 치밀었다.

"너, 김태안! 네가 언제부터 이 형님에게 대들었냐? 한주먹도 안 되는 놈이 나한테 덤벼? 좋아, 오늘은 제대로 맛 좀 보여 주지!"

기다릴 새도 없이 우진이의 주먹이 날아왔다. 순간 태균은 우진이의 손목을 잽싸게 잡아서 등 뒤로 돌렸다. 우진이의 힘도 만만치 않아서 잡힌 손목을 빼더니 태균이의 배를 향해 발을 날렸다. 얼른 피하긴 했지만 순간 균형을 잃어 태균이는 뒤로 넘어졌다. 그 틈을 타 우진이가 태균이의 배에 올라앉았다. 갑작스런 두 사람의 싸움에 교실은 난장판이 되었다. 아이들은 말릴 생각도 하지 못하고 급식차만 뒤로 치운 채 둘의 몸싸움을 지켜보았다. 태균이는 배에 올라탄 우진이가 주먹을 날리려는 사이 힘을 다해 우진이를 밀쳤다. 그리고는 팔로 우진이의 몸통을 끌어안고 바닥으로 쓰러뜨렸다. 넘어지면서 태균이의 팔꿈치에 얻어맞은 우진이가 아프다고 코를 훔치는데 그만 벌건 코피가 묻어 나왔다.

우진이의 얼굴은 순간 새하얗게 변했고, 태균이는 툭툭 먼지를 털고 일어났다.

"네 주먹 맛을 못 봐서 아쉽구나. 너는 코피 맛이 어떠냐?"

우진이는 울음이 나올 듯한 것을 꾹 참는 얼굴로 벌떡 일어나더니, 화장실로 가는지 후다닥 뛰어나갔다.

"너 대단하다, 언제 싸움 기술을 배운 거야? 전에는 우진이한테 맞기만 하더니……."

아이들이 순식간에 태균이 주위로 모여들었다.

"벼락이라도 맞은 거야? 어떻게 그렇게 달라지냐. 김태안, 너 왜 그동안 숨기고 살았어?"

"원래 고수는 자신을 드러내지 않는 법이야, 인마."

"이렇게 싸움을 잘하는 줄 알았으면 우진이 말 안 듣고 김태안이랑 놀 걸."

흥분해서 아이들이 떠드는데 민규가 손을 내밀었다.

"도와줘서 고마워. 나는 너한테 만날 못되게 굴었는데……. 나도 이제 그러지 않을게."

태균이는 아침에 민규를 한 대 때린 것이 마음에 걸렸다. 알고 보면 나쁜 아이는 아닌데 말이다.

"나도 안 그럴게."

태균이 민규만 아는 의미 있는 대답을 했다.

"야, 이러다 점심시간 다 끝나겠어. 얼른 밥 먹자!"

아이들은 서둘러 자리를 정리하고 급식 당번이 음식을 나누어 주었다. 우진이와 태균이의 한판 승부가 있은 그날, 처음으로 태균이는 혼자 밥을 먹지 않았다. 그동안 말도 붙이지 않았던 애들도, 괜히 한 대씩 치고 가던 애들도 언제 그랬냐는 듯 태균이 주변으로 모여들었다. 우진이와의 다툼에서 진 것에서 시작된 태안이의 왕따 역할이, 우진이를 보기 좋게 쓰러뜨린 사건 하나로 완전히 역전된 것이다.

이날의 사건을 한쪽에서 유심히 바라보는 두 눈이 있었으니 바로 명하와 윤진이었다. 둘은 의도는 다르지만 똑같은 생각을 하고 있었다.

'아무래도 뭔가 이상해.'

명하는 자신이 좋아하던 태안이의 모습이 달라진 것에 의아함을 느꼈지만 윤진이는 기사거리 하나를 생각하고 있었다.

3 왕따에서 인기짱으로

어수선한 점심이 끝나고 수업이 시작되자 아이들이 제자리로 돌아갔다. 점심도 먹지 않은 채 밖으로 나갔던 우진이가 슬그머니 교실 문을 열고 들어왔다. 아이들의 눈이 우진이에게 쏠렸다.

우진이는 예전에 태안이가 늘 그랬던 것처럼 고개를 푹 숙인 채 발부리만 보고 천천히 걸어서는 자기 자리에 앉았다. 우진이의 코에는 솜방망이가 끼워져 있었다. 두 개의 콧구멍을 모두 막은 솜

방망이 때문에 우진이는 입을 벌려 숨을 쉬어야 했다. 전교에서 제일 싸움을 잘한다는 싸움짱 우진이의 그런 모습에 아이들은 키득키득 소리 죽여 웃었다. 전 같으면 자신을 보고 피식 웃기만 해도 자기를 비웃는 것이냐며 무섭게 겁을 주던 우진이었다. 그러나 그날은 아무런 행동도 하지 않았다. 도리어 부끄러운 듯 고개를 더욱 푹 숙여 딴청을 했다. 약간 우진이의 눈치를 살피던 아이들은 이제 드러내 놓고 낄낄거렸다. 사실 우진이의 주먹이 무서워 맘에 들지 않는 일도 시키는 대로 하고, 비위를 맞추느라 편하지 않았던 친구들이었다. 태균이의 한 방에 쌍코피나 흘리는 약골인 줄 알았다면 그렇게 겁내지 않았을 텐데 말이다.

아이들은 그동안의 쌓인 감정을 풀기라도 하듯 점점 큰 소리로 웃어 댔다. 웃음소리가 커지는 만큼 태균이를 괴롭히던 왕따의 껍질은 완전히 사라져 가는 것 같았다.

조금 뒤 선생님이 들어오는 바람에 분위기는 진정되었다.

"너희들, 무슨 좋은 일이라도 있냐? 뭐가 그렇게 좋아서 웃음이 한가득이야?"

"있잖아요, 우진이가요……."

기형이 불쑥 나서며 싸움 얘기를 전하려다가 말을 멈췄다. 기형의 짝꿍이 쿡쿡 옆구리를 쳤던 것이다. 반에서 싸움이 벌어졌다는 사실을 알면 분명히 단체 기합을 받을 일이었다. 그것도 이 정도의 싸움이라면 아마 '의자 들기 20분짜리' 벌은 훨씬 넘을 것이었다. 그러니 몸이 힘들지 않으려면 이런 일은 비밀로 해야 했다. 순간 정신이 번쩍 난 기형이가 얼른 말을 둘러댔다.

"저, 그게요. 우진이가 넘어져서 코피가 났다고요."

기형의 말에 선생님이 솜을 틀어막은 우진이를 바라봤다.

"어이쿠, 조심하지 않고서. 그래, 양호실에서 치료 받은 거냐?"

선생님의 물음에 아이들은 바짝 긴장을 했다. 우진이가 사실대로 다 말해 버리기라도 하면……. 모두들 떨면서 우진이의 입이 달싹이는 모습을 바라보는데,

"네."

우진이가 고개를 끄덕였다. 싸움에 대해 엄한 선생님이었는데 다행히 위기를 그렇게 넘긴 아이들은 속으로 한숨을 내쉬며 교과서를 펼쳐 들었다.

"자, 오늘은 함수에 대해 알아보겠다. 점심 먹고 나니까 나른하고 졸리지? 너희들 정신이 번쩍 나도록 문제 하나 내주마. 이 문제를 너희들 중 누구라도 푼다면 선생님이 모두에게 아이스크림

을 쏘겠다."

선생님의 제안에 아이들이 와 함성을 질렀다. 벌써 아이스크림을 먹을 생각에 잔뜩 기대에 부풀은 얼굴들이었다.

"대신! 아무도 풀지 못한다면, 너희의 해이해진 공부에 일침을 가하는 의미에서 10분간 의자 들고 있기. 어떠냐? 공평한 내기지?"

공포의 의자 들기! 아이들은 약간 걱정이 되긴 했지만 수학이라면 거의 만점을 받는 윤진이가 있기에 은근히 윤진이가 풀어내리라 믿었다.

선생님이 칠판에 문제를 적기 시작하셨다. 점점 다 써나갈수록 아이들의 얼굴이 벌써 아이스크림을 먹기라도 한 것처럼 차갑게 얼었다. 누구라도가 아니라 아무도 풀 수 없는 문제였기 때문이었다. 윤진이조차 낭패스런 얼굴로 고개를 갸웃하며 공책에 뭔가를 끄적거렸다. 잘난 체 잘하는 이윤진이, 알았다면 당장 손을 들고 나섰을 텐데 말이다.

그때 칠판의 문제를 골똘히 보던 태균이가 손을 번쩍 들었다.

"제가 풀어 보겠습니다."

사실 수학이라면 자신 있던 태균이었다. 운동도 잘하지만 수학이라면 특히나 태균이가 좋아하고 잘하는 과목이었던 것이다.

아이들은 놀란 눈으로 태균이의 뒷모습을 바라보았다. 칠판에 척척 문제를 풀어 나가는 태균이를 보면서 입을 떡 벌리는 친구도 있었다. 자타공인 수학박사라고 자랑하는 윤진이는 얼굴이 벌개진 채 태균이의 문제 풀이를 기분 나쁜 듯 지켜보았다.

마침내 답을 내는 것까지 마친 태균이의 어깨를 선생님이 흐뭇한 듯이 두드렸다.

"잘 풀어 줬다. 이건 고등학생도 어려워할 정도의 문제인데, 태안이가 잘해 줬구나. 태안이가 말없이 조용하기만 한 줄 알았는데, 수학 실력이 언제 이렇게 늘었지?"

선생님도 처음 보는 태안이의 멋진 모습에 뿌듯해하며 칭찬을 아끼지 않았다.

"사실 너희들 요즘 수업 태도도 불량하고 성적도 자꾸 떨어지기에 군기 좀 잡으려고 일부러 어려운 문제를 냈는데, 태안이 덕분에 면한 줄 알아라, 응? 그렇지만 태안이 때문에 선생님 지갑만 얇아지겠는걸. 하하하."

돈이 나가게 됐다고 투덜거리면서도 선생님은 기분이 좋은지 웃음을 거두지 않았다. 아이들은 또 다시 다르게 보이는 태안이의 모습

에 놀라기도 하
고, 덕분에 아이
스크림까지 먹게
되어서 좋기도 했다.
"어제도 엄마한테 벌서서 팔
이 아팠는데 휴, 다행이다."
준형이의 너스레에 아이들이 깔깔거리며 웃었다.
우진이를 쓰러뜨린 이후 수학 문제까지 척 풀어내는 태균이
를 왕따시키려는 아이는 이제 한 명도 없었다. 오히려 태균이는

새로 떠오른 인기짱 친구가 되었다.

 선생님 심부름으로 아이스크림을 사온 반장이 하나씩 나눠 주자
아이들이 행복하게 핥아먹으며 한마디씩 했다.

 "태안아, 잘 먹을게."

 "너 언제 그렇게 공부했냐? 원래 잘 못했잖아."

 "매트릭스의 네오처럼 특수 훈련이라도 받은 거 아니야? 뇌에다
컴퓨터 다운 받아서 말이야. 킥킥"

 이런저런 말들에 태균이는 그저 피식 웃기만 했다. 그러면서 명
하가 뭔가 말하고 싶어 하는 눈으로 자신을 바라보고 있음을 느끼
고 있었다.

4 명하의 의심

일이 생각보다 쉽게 풀려 가자 태균이는 기분이 좋았다. 바라던 대로 윤진이의 의심스런 눈초리도 받았다. 신문부장 윤진이가 나서 준다면 일은 훨씬 성공적으로 끝날 것이었다. 그런 생각에 태균이는 더욱더 운명의 날이 기다려졌다.

"형, 여기! 나 오늘 무슨 일이 있었는지 알아?"

잔뜩 상기된 얼굴로 태균이를 보자마자 태안이가 외쳤다.

"우리 반에서 단원 평가를 했는데, 한 문제도 틀리지 않고 다 맞았어!"

태균이의 대답도 기다리지 못한 태안이가 줄줄이 말했다.

"형 시험인데, 공부 잘하는 형의 시험을 망칠 순 없잖아. 그래서 열심히 공부했거든. 그랬더니 다 맞은 거야. 나도 내가 이런 실력이 있을 줄은 몰랐어."

정말 기뻤는지 태안이의 볼이 발그레해졌다.

"그럼, 인마, 노력하면 안되는 게 있겠어? 원래 우리 브라더스는 머리가 좋거든. 너도 공부 못할 깡통은 아니잖아. 하하하"

태안이가 기뻐하니 덩달아 행복해진 태균이가 농담을 하며 같이 즐거워했다. 학교 일도 잘 진행되고 있으니 곧 태안이의 왕따 탈출은 성공리에 끝이 날 것이다.

한편, 쌍둥이 형제가 떡볶이를 먹으며 깔깔거리던 그 시간에, 명하는 집에 돌아와 깊은 생각에 잠겨 있었다.

'정말 이상해. 내가 알고 있는 태안이가 맞을까? 정말 그럴까?'

명하는 며칠 사이 벌어진 일들을 하나하나 다시 생각해 보았다.

말수가 거의 없던 태안이 당당하게 의사 표현을 한다. 늘 겁먹어서 피해 다니던 우진이와 한판 붙기까지 했다. 또 아무도 풀지 못하는 함수 문제를 척 풀어냈다. 명하가 알던 태안이라면 설사 아는 문제였다 하더라도 칠판 앞으로 나서지도 못했을 텐데 말이다.

그러고 보니 의혹은 그것뿐이 아니었다. 가끔 친구 이름을 틀리게 부르기도 했고, 지난번에는 수학책을 엉뚱하게 나눠 주기도 하지 않았던가?

명하는 분명히 뭔가 달라진 태안이를 하나하나 다시 생각해 보았다.

'혹시 매트릭스 영화에서처럼 태안이가 가상의 인물은 아닐까? 태안이의 뇌를 조작했다거나, 아니면 반 친구들 모두의 기억을 조작했다거나……. 아니야, 아니야. 너무 말도 안 되는 상상이야. 그건 영화에서의 일일 뿐이잖아?'

명하의 머리가 복잡해졌다. 자신이 좋아하던 태안이인데, 자신이 가장 잘 알고 있다고 생각하던 태안이었는데, 도무지 모르겠다. 원래 알던 태안이의 모습이 아니었다.

명하는 갑자기 선생님의 말씀이 떠올랐다.

'진리에 다가서려면 의심을 하라'

그렇다. 명하는 태안이가 진짜 태안이인가, 하나씩 의심해 보기로 생각했다.

'태안이는 급식을 받을 때 숟가락 젓가락을 꼭 오른손에 모아서 들어. 그런데 왜 지금은 왼손에 들지? 집에 갈 때는 아파트 단지 사이로 가로질러 갔는데, 왜 지금은 큰길가로 갈까? 태안이는 운동장을 지나가다가도 공이 오면 피했는데, 왜 지금은 피하지 않고 발로 찰까? 태안이는 눈을 깜빡이는 버릇이 있었는데, 지금은 그러지 않아. 아, 그러고 보니 입 옆의 작은 점, 그게 보이지 않아!'

태안이에 관해 나름대로 세세하게 알고 있던 명하는 갑자기 입 옆의 점 생각이 나자 무릎을 쳤다.

'그래! 태안이는 태안이가 아닌 거야!'

의심스러운 것들을 모두 빼고, 또 빼고 보니 태안이와 같은 것은 얼굴 생김뿐이었다. 그것조차 있던 점이 없다는 것을 생각하면 얼굴도 다른 것이다. 결국 태안이는 태안이가 아니다.

생각이 거기까지 미치자 명하는 더욱 혼란스러워졌다.

'그렇다면 지금의 태안이는 뭐지? 진짜 태안이는 어디로 간 거고, 지금 있는 가짜 태안이는 뭘까? 어떻게 된 걸까? 혹시…….'

명하는 궁금함을 참을 수 없어 그날 밤새 제대로 잠도 못 자고 뒤척였다. 꼭 태안이와 이야기해 보리라는 생각으로 날을 새운 명하는 날이 밝자마자 일찍 학교로 향했다.

지금까지와는 달리 이제는 아이들 틈에서 웃고 즐거워하던 태균이는 여기가 자신의 진짜 학교라고 착각하게 될 정도였다. 왕따 태안이 노릇을 하던 태균이도 본래 인기짱의 모습을 드러내자 슬슬 학교생활이 재밌어졌다.

아이들과 키득거리며 노는데 수업 종이 울렸다. 태균이는 준비물을 꺼내 오기 위해 사물함의 문을 열었다. 분홍색 메모지가 사물함 문 쪽에 붙어 있는 것이 보였다. 직감적으로 명하가 보낸 것임을 눈치 챈 태균이는 얼른 메모지를 보이지 않게 감추어 제자리로 돌아왔다.

'이따가 방과 후에 사거리 버스 정류장에서 만나. 꼭 하고 싶은 말이 있어. 명하가.'

역시나 명하였다. 아이들의 눈을 피해서 만나기 위해 조금 거리가 떨어진 곳으로 장소를 정했나 보았다. 거기라면 마침 태균이가 버스를 타는 자리였다. 태균이는 명하를 슬쩍 쳐다보며 고개를 끄덕했다. 명하도 태균이의 대답을 알아들은 듯 곧 수업에 열중했.

수업이 끝나고 태균이와 명하는 각자 교문을 나서 약속대로 정류장에서 만났다.

쪽지를 건넨 용기는 어디로 갔는지 명하가 쭈뼛대며 말을 얼른 꺼내지 못했다. 한참을 주저하며 입만 달싹이던 명하가 어렵게 한

마디 꺼냈다.

"저, 너 말이야. 너는……, 어느 별에서 왔니?"

"뭐라고? 파핫핫 너 재미있는 애구나?"

태균이의 큰 웃음에 명하의 얼굴이 귀밑까지 새빨개졌다. 어제 밤사이 생각한 질문이 있었는데, 제대로 말이 나가지 않고 불쑥 그 말이 튀어나와 버렸던 것이다. 어쩌면 정말 태안이가 외계에서 온 복제인간 같은 걸지도 모르겠다고 상상했던 것이 말로 나와 버릴 줄은 명하자신도 몰랐다.

"너, 내가 의심스러워서 그러는 거지? 내가 태안이가 아닐지도 모른다는 생각, 그렇지?"

명하가 창피해서 대답도 못하는 사이 태균이가 시원하게 명하의 말을 대신했다. 명하는 보일 듯 말 듯 고개를 끄덕였다.

"네 의심이 맞아. 나 태안이 아니야."

태안이의 입으로 직접 그 말을 들은 명하의 눈이 튀어나올 듯 동그래졌다. 곧 창피했던 것도 잊고 명하는 줄줄줄 물어보기 시작했다.

"그럼 너는 누구니? 진짜 태안이는 어디 있고? 태안이에게 형제가 있다는 말은 못 들어 봤는데, 너는 대체 누구야?"

"아, 천천히, 천천히 물어봐. 사실대로 다 말해 줄게. 나는 태안이의 쌍둥이 형 태균이야. 우리 부모님이 이혼하셔서 우리는 떨어져 지내고 있지. 태안이는 아빠와 지내고, 나는 엄마와 지내고."

처음 듣는 가족 얘기에 명하의 눈이 더 커져 버렸다.

"정말이니? 태안이의 얼굴이 그래서 그렇게 우울해 보인 거였구나. 꼭 왕따를 당해서만은 아니었던 거야."

진심으로 태안이를 생각하는 명하의 마음이 태균에게도 전해졌다.

"네가 태안이를 좋아하는 거 알아. 표현은 안 해도 네 눈에 다 쓰여 있는걸."

마음을 들켜 버린 명하의 얼굴이 다시 빨개졌다.

"그런데 네가 왜 태안이 노릇을 하고 있는 거야? 왜?"

태안이가, 태안이가 아닌 진실은 밝혀졌지만 이유를 알 수 없었던 명하가 또다시 물었다.

"응, 그게, 너도 알다시피 태안이의 학교생활이 무지 힘들었잖아. 알았으면 진즉 어떻게 했을 텐데 이 정도로 심각하게 왕따를 당하고 있는 줄은 몰랐어. 태안이 녀석이 입이 무거워서 좀처럼 말을 해야 말이지. 나중에야 알고 나서 태안이를 도와주려고 이런 일을 생각한 거야."

"네가 어떻게 돕는 건데? 지금처럼 애들에게 인기 끌어서 왕따를 면하게 하겠다는 거야? 그러면 진짜 태안이는 어떻게 하고?"

명하는 당분간 인기를 얻는 가짜 태안이가 무슨 생각을 하고 있는지 알 수가 없었다.

"언제까지나 왕자와 거지처럼 바꾸어 지내는 것은 아니야. 일이 해결되면 각자 자기 자리를 다시 찾아야지. 그리고 태안이도 진정한 자기 자리를 찾고 말이야."

"일이 해결되다니? 너는 운동도 잘하고 공부도 잘해서 이렇게 인기를 얻을 수 있지만 그렇지 못한 태안이가 다시 되돌아오면, 예전과 똑같을 거 아니니?"

명하는 도무지 태균이의 말이 이해되지 않아 고개를 저었다.

"태안이가 왕따 당하는 건 태안이가 뭘 못해서가 아니야. 너희 반 아이들의 행동에 문제가 있었던 거지. 그 점을 바로잡으려는 것이 나의 생각이야."

"어떻게 바로잡는다는 거야? 태안이가 더 이상 왕따를 당하지 않고 즐겁게 학교생활을 하게 되는 건 정말 바라지만 가짜 태안이인 네가 뭘 어떻게 하겠다는 건지 모르겠어. 나는 태안이가 걱정될 뿐이야."

명하가 무거운 얼굴로 먼 데를 쳐다봤다. 그때 태균이가 명하의 귀에 대고 뭔가를 소곤소곤 말했다. 무슨 얘기인가 진지하게 전하는 태균이의 말이 끝나갈 무렵 명하의 표정이 밝아졌다.

"내가 무슨 도움이 될지는 모르지만 너를 도울게. 아니, 태안이를 돕는 거야. 태안이가 쌍둥이 형제라서 다행이네. 이런 일도 할 수 있으니까 말이야."

명하는 태균이의 말을 듣고 걱정을 떨친 듯 명랑하게 말했다. 태균이도 명하를 보며 한 마디 했다.

"원래 우리 브라더스는 눈이 높거든. 하지만 태안이의 여자친구로 널 인정해 줄게. 너 괜찮은 아이다."

태균이의 말에 명하가 살짝 웃으며 대답했다.

"나도 만만치 않게 눈이 높거든."

둘은 깔깔거리면서 그만 말을 마쳤다. 태균이는 든든한 후원자가 한 명 생긴 것에 힘을 얻어 돌아가는 버스에 올랐다.

의심하라
의심하지 않고는 진리에 다가설 수 없다

데카르트가 인간의 이성을 업그레이드하는 방법으로 제시하고 있는 네 개의 규칙들 중 첫 번째 것이 바로 의심의 규칙(의심할 것, 그리고 의심의 여지가 없는 확실한 것만 머릿속에 넣을 것)입니다. 의심하지 않고는 결코 이성의 능력을 업그레이드시킬 수도 진리에 다가설 수도 없다는 것을 데카르트는 명확히 하고 있습니다.

그런데 도대체 뭘 의심하라는 거죠?

모두 다!

특히 이제까지 전통, 관습 혹은 권위를 근거로 아무런 의심 없이 진리로 받아들여져 왔던 모든 것을 의심하라고 데카르트는 주장합니다.

이렇게 의심을 하는 이유는 뭘까요?

확실한 지식의 체계를 만들어 내기 위해서라고 할 수 있습니다. 사람들은 의심을 위한 의심이 아닌 확실한 지식 내지는 진리를 확보하기 위한 방법으로서 의심을 사용한다는 의미로 데카르트의 의심을

방법적 의심이라고 부릅니다.

데카르트는 사람들 사이에서 진리로서 통용되던 모든 것을 잡아다가 이성이라는 법정에 세울 것을 요구합니다. 그 무엇이든 그것이 진리가 되려면 전통이나 권위, 신에게 의존해서는 안 됩니다. 오직 이성만이 진리를 확인해 줄 수 있는 거지요.

이러한 생각은 지금은 당연한 것처럼 보일 수도 있지만, 데카르트와 같은 시대를 살았던 사람들, 특히 신학자들에게는 어떻게 보면 상당히 위험한 생각처럼 보였고 일종의 혁명적인 생각으로 여겨졌습니다. 이를테면 기독교가 지배했던 중세 시대에는 신과 신의 말씀이 진리의 기준이었고 그것을 믿음으로 받아들이는 것, 그것이 제일의 덕목으로 간주되었기 때문이죠. 따라서 신과 신의 말씀에 대한 의심은 믿음이 약한 증거로 간주되었으며 당연히 경계의 대상되었어요.

바로 이런 사고의 틀을 데카르트가 완전히 바꿔 버린 겁니다. 더 이상 의심의 대상이 될 수 없는 진리에 도달하기 위해서 우리가 먼저 해야 할 것은 믿음의 문이 아니라 의심의 문을 통과해야 한다는 것이 데카르트의 주문이었습니다. 종교는 믿음에서부터 출발하지만 철학과 과학은 의심에서 출발합니다. 이것이 종교와 철학(혹은 과학)의 차이이자 중세와 근대를 가르는 중요한 차이라고 할 수 있어요.

밝혀진 진실

 나는 생각한다, 고로 나는 존재한다.

-데카르트

1 윤진이의 추적

"이모, 지금 사진을 메일로 보냈으니까 한번 열어 봐 줘. 얼굴 좀 확인해 달란 말이야."

"아유, 얘가 왜 또 난리니? 무슨 특종 기사라도 잡은 거야?"

윤진이는 초조하게 이모의 대답을 들으려고 전화기를 잡고 기다렸다.

태안이의 수상스런 행동은 한둘이 아니다. 윤진이가 알고 있고, 그렇다고 생각하던 태안이의 모습과 요즘의 태안이는 영 다른 사

람 같았던 것이다. 수학 시간에만 해도 그랬다. 윤진이가 풀지 못
한다면 반 아이 누구도 풀지 못해야만 하는 것인데, 태안이가, 그
것도 별 볼일 없는 왕따 태안이가 문제를 풀다니, 윤진이는 분이
풀리지 않았다.

'분명히 뭔가가 있어. 의심스러운 것이 너무 많아. 그때 음악실
은 왜 찾지 못하고 물어본 거지? 처음 가는 곳도 아닌데 말이야.
싸움이라고는 여자애한테도 맞던 녀석이 싸움짱 우진이와 맞붙은
것도 말도 안돼. 밝혀내야 해. 태안이가 나보다 수학을 잘한다는
거짓말을 밝혀내야 해.'

전부터 의심을 갖고 있던 윤진이는 수학 시간의 일 이후로 태안
이의 진실 밝히기에 매달려 왔다. 그러다가 태안이가 다른 학교에
서 전학을 왔다는 사실이 생각나 이전의 학교를 찾아봤다. 운이
좋게도 윤진이의 이모가 선생님으로 계시는 학교였다. 왠지 태안

이의 사진을 보여 주면 뭔가가 답이 나올지도 모르겠다는 생각에
지금 이모를 졸라 사진을 봐 달라고 부탁하는 중이었다. 마침 윤진
이의 디지털 카메라에 저장되어 있던 현장학습 때 사진이 있었다.

"단체 사진이라 조그맣게 나와서 잘 안 보일 수도 있는데, 그 구
석에 서 있는 애 말이야, 안경 쓰고, 응, 맞아. 그 애 좀 잘 봐 줘."

"너무 작아서 잘 모르겠다, 얘. 어디 보자. 어? 얘 태균이 아니니?
우리 학교 인기짱 태균이 이 녀석이 왜 안경 쓰고 여기 앉아 있니?"

이모의 말에 윤진이의 머리가 팽팽 돌아가기 시작했다. 요즘 세
상에 도플갱어 같은 건 아닐 테고, 답이 나오는 것 같다.

"이모, 확실해? 태균이라고? 걔 수학도 잘해? 싸움도 잘하고?"

"그럼. 태균이는 못 하는 게 없어. 그래서 여자 애들이 줄줄 따른다, 얘. 아마 너도 만나면 홀딱 빠질걸. 호호호."

태균이……, 태안이……. 그렇다, 둘은 쌍둥이인 것이다!

윤진이는 자신이 밝혀낸 사실에 흥분을 감출 수가 없었다. 태균이라는 애가 태안이인 척 우리 교실에 바꿔 들어왔다, 우리 모두를 속이고서 말이다. 이건 이제까지 윤진이가 추적한 사건 중 최고로 쇼킹한 뉴스였다.

당장 수학 박사인 자신을 망신시킨 녀석이 비리비리한 태안이가 아니라 태안이 행세를 하는 가짜 태안이임을 밝혀야 한다. 아무렴 다른 애도 아니고 태안이 같은 왕따에게 수학 박사 자리를 내주어 자존심을 구길 수야 없다. 윤진이는 방안을 뱅뱅 돌며 머리를 굴렸다. 기사를 어떻게 쓸 것인가. 아이들에게 이 소식을 알렸을 때 이 엄청난 사실을 밝혀낸 자신을 애들은 얼마나 추앙할 것인가, 이런저런 그림을 그려 보던 윤진이의 얼굴에 미소가 생겨났다.

윤진이는 책상에 앉아 이모의 증언을 토대로 기사 쓰기에 몰두했다. 생각만 해도 웃음이 번져 났다. 최고의 여기자가 되려는 야무진 꿈을 가진 윤진이는 스스로 자신의 능력에 감탄하며 한 자 한 자 기사를 적어 나갔다.

2 특종 뉴스!

다음날 누구보다 빨리 학교에 도착한 윤진이는 완성된 신문을 자신의 사물함 깊이 숨겨 두었다. 때가 되면 아이들 손에 들려 읽히리라. 그때 태안이, 아니 태균이의 당황하는 얼굴을 똑똑히 봐 줘야지. 그런 생각을 하며 윤진이는 태균이를 기다렸다. 아이들과 덩달아 놀려 먹기만 했던 왕따 태균이를 이렇게 기다려 본 일은 처음이었다.

드디어 아이들이 자리를 거의 채우고 아침 자습을 하느라 조용히 앉아 있었다. 윤진이는 슬그머니 일어나 태균의 옆에 서서 속삭였다.

"너, 잠깐 나 좀 보자."

윤진이의 갑작스런 요청에 태균이 힐끗 윤진이를 바라봤다. 속으로 태균이는 올 것이 왔다는 직감을 하고 있었다.

둘이는 교실을 빠져 나와 학교 건물 뒤 공터에 섰다.

"이제 가면을 벗으시지."

윤진이가 팔짱을 끼고 태균이를 향해 톡 쏘았다.

"난 가면 같은 거 쓴 적 없는데."

태균이가 지지 않고 대꾸했다.

"네 진실을 네 입으로 말할 기회를 줄게."

"무슨 진실 말이야?"

"끝까지 감출 수 있을 거라고 생각했니? 넌 김태안이 아니야!"

태균이가 일부러 놀란 듯한 표정을 지으며 과장되게 말했다.

"그, 그 사실을 어떻게 안 거야?"

"놀리지 마! 넌 처음부터 우릴 속이려고 작정했지? 그렇지만 진실은 밝혀지는 거야. 너의 의심스러운 행동 하나하나, 모두 생각해 봤어. 그리고 치밀하고 끈질긴 나, 이윤진 기자가 드디어 너의 가면을 벗겼지."

태균이는 일이 뜻대로 잘 되어 가는 것이 더 즐거웠지만 속마음을 감추고 반대로 말했다.

"그럴 만한 사정이 있어서 그래. 이윤진, 그냥 네가 한 번 눈감아 주면 안 될까?"

"흥! 정직한 눈, 진실만을 파헤치는 나 이윤진이 어떻게 그런 것에 타협하니? 그건 진정한 기자 정신이 아니란 말이야. 나는 사실을 밝히겠어. 더 이상 우리 반 아이들이 쌍둥이인 너희 형제들에게 놀림 당하지 않도록!"

태균이가 흠칫 놀라는 얼굴을 했다.

"할 수 없다. 일이 이렇게 된 이상. 그래, 다 밝혀. 때가 온 것 같다."

태균이가 힘없는 표정으로 뒤돌아섰다. 그러나 속으로는 윤진이가 이렇게 잘 도와주는 것에 도리어 고마워했다. 윤진이가 이 일을 크게 터뜨려 주면 왕따 문제가 해결되기가 더 수월할 것이다. 그런 기회를 만들어 주는 윤진이의 기자 정신이 고마울 따름이었다.

반대로 윤진이는 자신의 큰소리에 풀이 팍 죽어서 돌아서는 태균이를 보며 만족스런 미소를 띠었다. 살아있는 이 시대 진실의 소리, 이윤진이 지켜간다는 생각에 점심시간에 있을 특종 발표가

기대되었다.

태균이와 윤진이가 같은 일을 두고 각기 다른 생각을 하며 수업을 마치는 동안 명하도 상황의 움직임을 짐작하고 마음의 준비를 하고 있었다. 태균이가 말하던 운명의 날이 이런 것이었나 보다, 하면서 사건이 생길 것을 기다렸다.

드디어 점심시간의 종이 울리자 윤진이가 자리에서 벌떡 일어섰다.

"애들아, 너희들에게 밝혀 줄 놀라운 진실이 있어. 우리가 누군가로부터 그동안 농락당해 왔다는 사실, 너희들도 알면 고개를 끄덕일 거야."

그러면서 윤진이가 준비한 신문을 아이들에게 모두 나누어 주었다. 신문을 받아든 아이들은 평소처럼 윤진이가 무슨 시시콜콜한 기사를 찾아내었나 하는 생각에 흘끗 보다가 경악하는 표정을 지었다.

"이게 무슨 소리야? 태안이가 가짜라고?"

"태안이가 쌍둥이 형제였다니, 그럼 쟤는 태안이가 아니야?"

"어쩐지 좀 이상하다 생각은 했었지만, 이건 말도 안 돼!"

아이들이 일시에 태균이를 바라보며 다투어 떠들어 댔다.

"그럼 진짜 태안이 녀석은 어디 있는 거야? 둘이 자리 바꿨냐?"

도무지 믿어지지 않는 사실에 아이들은 심한 충격을 받은 듯했다.

"그동안 감쪽같이 우리를 속이다니! 사기야!"

"진짜 태안이가 멋있어진 줄 알고 좋아했잖아. 도대체 왜 이런 짓을 한 거야?"

"이제 우리 진짜 쟤 왕따시키자. 순진한 우릴 이렇게 속일 수가 있냐? 무슨 말이라도 해 봐!"

아이들은 분통을 터뜨리기도 하고, 노골적으로 태균이에게 화를 내기도 했다. 이런 광경을 저쪽 자리에서 우진이가 조용히 지켜보고 있었다. 우진이는 코피가 터지던 그날 이후 교실에 있는 듯 없는 듯 지내고 있었다. 제일 약골인 줄 알았던 태안이에게 꺾인 우진이를 이제 아무도 무서워하지 않았다. 말을 시키는 아이조차 없었다. 모두 말은 하지 않았지만 우진이가 새로운 왕따가 된 셈이었다.

"그래, 나는 태안이가 아니야. 너희들이 그렇게 괴롭히고 힘들게 만들었던 태안이는 내 쌍둥이 동생이다. 신문에 써 있는 대로, 나는 다른 학교에 다니던 형이고 말이야."

입을 연 태균이를 향해 아이들의 시선이 모아졌다. 도대체 무슨 이유로 태안이인 척 우리 교실에 들어온 것일까, 아이들은 그 비

밀이 궁금했다.

그때 태균이가 쓰고 있던 안경을 벗자 이제까지 보았던 태안이의 모습과는 분위기가 아주 다른 딴 아이가 서 있었다. 아이들은 안경을 벗은 태균이의 모습에 놀라서 입을 다물지 못했다.

"너희들은 나를 태안이라고 의심 없이 믿었지. 내가 이 학교를 다닌 것이 몇 주가 다 되어 가는데 너희들은 한 번도 나를 태안이가 아닐 거라고 생각하지 않았어. 얼굴은 똑같지만 하나하나 짚어보면 나는 사실 태안이와 닮은 것은 거의 없지. 너희들은 지금까지의 태안이가 그냥 태안이라고 의심하지 않았잖아?"

그러고 보니 태안이라고 생각하기에는 석연치 않은 행동들이 하나둘 떠올랐다.

"맞아, 너 전에 나한테 형우라고 불렀지? 책도 딴 애 것을 갖다
주고 말이야."

"갑자기 싸움을 잘하던 것도 그렇고."

"그래그래, 태안이는 우리하고 눈도 잘 안 마주쳤는데 쟤는 너무
당당했어."

그제야 아이들은 지난 몇 주 동안 태안이가 보였던 의심스런 것
들을 꺼내 말하기 시작했다.

"아는 것이 진짜 아는 것인지 너희들은 의심하지 않았어. 내가
연기한 태안이가 이상스러웠어도 태안이가 아니라는 생각을 해
본 애들이 몇이나 될까? 오히려 윤진이는 이성적인 판단을 잘 했
다고 봐. 수상한 내 행동을 하나하나 의심해 보고 따져서 오늘 이

렇게 진실을 밝혔으니까. 선생님 말씀처럼 아는 것이 참이라고 판단하려면 의심을 해 보았어야 되는 거 아니었니? 숨겼던 나도 그렇지만, 지금까지 몰랐던 너희들도 같은 반 학생에 대한 관심이 너무 없었던 것 아니니?"

태균이의 단호하고 분명한 말에 아이들은 대꾸할 말을 잃었다. 사실이 그랬기 때문이었다. 태균이는 아이들을 둘러보며 힘주어 다시 말했다.

"내가 진짜 태안이였는지 의심하지 않았던 잘못도 있지만, 남이 한다고 무조건 따라했던 잘못은 더 크다고 생각해. 우진이가 내 동생 태안이를 못살게 군다고, 너희들도 덩달아 따돌리고 놀렸던 건 이성을 잃은 행동이 아니었니? 어떤 것이 옳은 것인지, 잘못된 것인지, 그런 것은 너희들 자신의 이성을 통해 판단했어야 되는 것 아니었을까?"

아이들이 모두 나가기라도 한 것처럼 교실 안은 조용했다. 누구도 태균이의 올바른 지적에 대답할 말을 찾지 못했기 때문이었다.

3 고개 숙인 아이들

"왕따를 시키는 너희는 그것이 어떤 행동인지 아무런 의심도, 생각도 하지 않았어. 왕따를 당하는 태안이의 마음을 조금이라도 헤아려 본 적이 있니? 내가 그런 괴로움을 당했다면 어땠을까, 아니면 내가 하는 일이 옳은가, 그런 생각을 해 본 적이 있어? 이성을 가진 사람이라면 그 이성을 올바르게 사용했어야 하는 거라고 나는 생각해. 그걸 깨우쳐 주기 위해 내가 태안이 연기를 했던 거야."

태균이의 진실된 호소에 그제야 이성을 찾기라도 한 듯 아이들의 표정이 심각해졌다. 별 생각 없이 넘어뜨리고, 약 올리고, 벙어리라고 놀리고, 중요한 전달도 일부러 빼 놓고……. 자신들이 했던 행동이 떠올리면서 아이들은 책상만 내려다보고 있었다.

"태안이를 있는 그대로 봐 주고, 이성적으로 판단해 보길 바라. 태안이가 과연 왕따를 당해야 할 만큼 부족한 게 많고 나쁜 아이인지."

태균이가 이 말을 마치자 조용히 있던 우진이가 벌떡 일어났다.

"모두 내 잘못이야! 태안이가 조용하고 만만하게 보이기에 함부로 했던 거야. 태안이를 괴롭히면서 애들도 같이 그러라고 시켰어. 태안이를 왕따시키니까 애들도 나하고 친해진 것 같고, 그래서 더 그랬던 거야. 너한테 맞은 이후로 혼자 따돌려 있으니까 태안이 마음을 알겠어. 내가 생각을 잘못했던 거야."

우진이는 거의 울듯한 표정으로 말을 이었다. 자기보다 주먹 센 애들은 아무도 없다고 거만하게 굴었던 우진이가 저런 말을 하는 것은 처음이었다.

우진이의 용기 있는 말을 들은 태균이가 우진이에게로 가까이 다가왔다. 그리고는 손을 내밀었다.

"나도 사실 이번 역할 바꾸기 체험을 해 보고서야 진심으로 왕따의 마음을 알게 됐어. 내가 무심하게 놀린 한 마디가 누군가에게는 너무 날카로운 창이 될 수도 있겠다는 생각도 했어. 내가 너보다 나은 것도 없는 걸 뭐. 그때 때려서 미안했다."

우진이가 머뭇거리다가 태균이의 손을 잡았다. 이 손으로 서로를 때려서 이기려고 했었다. 주먹을 불끈 쥐었을 때보다 친구와 마주 잡은 둘의 손이 더 훈훈했다.

"그동안 즐거웠다. 너희를 속인 일은 미안. 그렇지만 내 동생 태안이를 위해서도, 또 나와 너희를 위해서도 좋은 경험이었다고 생각해. 선생님께는 내가 잘 말씀드릴게. 그럼 나는 내 자리로 돌아간다. 안녕."

아이들이 미처 뭐라고 대답하기도 전에 태균이는 가방을 챙겨 들고 교실 밖으로 나갔다. 태균이의 뒤로 명하가 얼른 쫓아 나왔다.

"별로 도움이 못 돼서 미안해. 태안아, 아니 태균아, 네 덕분에 많이 배웠다. 잘 가. 아 참, 그리고 내일부터는 진짜 태안이가 학교에 오는 거야?"

"하하하. 태안이가 엄청 보고 싶긴 하구나. 걱정 마. 내일부터 우리 원위치 할 테니까. 나도 내 학교로 가고 싶다고."

태균이와 명하는 서로의 눈을 보며 싱긋 웃었다. 어제까지 덥게 느껴졌던 햇빛도 오늘은 둘의 머리에서 따뜻하게 반짝거렸다.

4 은밀한 저항

태균이가 그렇게 나가 버린 후 아이들은 여기저기서 웅성대기 시작했다. 태균이가 했던 말이 아직도 들리는 듯하고, 자신들이 했던 행동들이 어땠는지를 다시 생각하면서 혼란을 감추지 못했다.

그때 교실 문이 열리며 선생님이 나타나셨다.

"태안이, 아니 태균이는 갔다. 선생님도 태균이의 말을 듣고 너희만큼이나 많이 놀랐다. 그렇지만 태균이가 한 일이 괘씸하지는 않았단다. 어떠냐. 너희들도 그렇겠지?"

선생님은 잠깐 말을 멈추었다가 숨을 내쉬고는 이야기를 이으셨다.

"선생님은 태균이를 보면서 데카르트가 살았던 시대가 떠올랐다. 그때는 모든 것을 종교가 지배해서 모든 사람이 신만이 무한하다고 믿었고 천동설이 진리로 받아들여졌다. 현재 밝혀진 것에 의하면 우주의 넓이도 무한하고 지구가 돈다는 지동설이 올바른 지식이지만 그때는 그 사실을 입 밖에 내기도 어려웠지. 신학의 권위에 도전하는 것으로 받아들여져 목숨까지도 위태로웠으니까. 너희들이 잘 아는 갈릴레이는 지동설을 주장했다가 재판에 회부되었고, 부르노라는 학자는 화형에 처해지기도 했다. 그만큼 진리를 밝히는 것에는 위험이 따랐단다."

열중하는 아이들을 바라보며 선생님이 말씀하셨다.

"선생님이 왜 이런 이야기를 꺼냈을까? 그런 시기에 데카르트는 이런 고민을 했지. 어떻게 하면 천 년을 지배해 온 교회의 폭력과 탄압에서 벗어날 수 있을까? 진리를 알면서도 거대한 교회의 권위 앞에서 말하는 것을 두려워하는 과학자들과, 그 진리를 진리인 줄 모르는 사람들을 어떻게 하면 내 편으로 끌어들일 수 있을까? 자신의 과학적 연구 성과를 주장하여 교회와 갈등을 일으키기보다는 교회와는 되도록이면 불화를 일으키지 않으면서 은밀하게 사람들을 내 편으로 끌어들이는 묘수는 뭘까? 그런 고민 말이다."

"그래서 데카르트는 답을 찾았나요?"

준형이가 너무 궁금한 듯 답을 재촉했다.

"물론이지. 데카르트는 자신뿐만 아니라 인간이라면 누구나가 올바르게 판단하는 능력을 가지고 있다는 확신을 가지고 있었다. 그러니 진리에 이르는 길은 모든 인간에게 열려 있다고 생각했던 거지. 전에 선생님이 말했던 진리에 이르는 방법 기억 나니? 그 당시 데카르트는 그 방법을 프랑스어로 썼단다. 어려운 학술 언어인 라틴어 대신 많은 사람들에게 읽히기 위해서였지. 사람들이 자신이 제시하는 규칙들을 지킴으로써 올바른 판단을 할 수 있게 되

면 과학적 진리가 교회의 주장보다 더 설득력이 있음을 알게 될 거고, 그러면 교회의 권위에 맞서 충분히 싸워 볼 만하다는 것이 데카르트의 판단이자 전략이었다고 할 수 있지."

선생님의 말이 끝나자 아이들은 깊은 생각에 잠겨 모두들 말이 없었다.

"그렇다면 선생님, 태균이가 데카르트 같다, 그런 말씀을 하시는 건가요?"

역시 머리가 팽팽 도는 윤진이가 선생님의 의도를 바로 알아듣고 물었다. 선생님은 빙긋 미소를 보이며 고개를 끄덕이셨다.

"하하하. 그렇게 되는 건가? 선생님 생각에는 말이다, 태균이가 데카르트처럼 은밀하고 광범위한 저항을 한 것이 아닐까 싶다. 직접 태안이의 형이라고 나서서 우진이와 싸움을 했거나, 선생님에게 이르거나, 아니면 교육청에 신고했거나, 이런 방법을 썼더라면 너희의 마음에 지금과 같은 변화가 생겼을까? 너희 스스로의 판단으로 잘못을 되돌아보고 바로잡으려는 노력을 하게 된 것은 태균이의 은밀한 방법 덕분이었으리라 생각되는데, 아니니?"

선생님은 아이들을 죽 둘러보며 말을 이으셨다.

"태균이가 꾸민 이번 일을 계기로 너희들의 이성이 한층 성숙되

기를 바란다. 아니, 선생님이 보기에는 이미 성숙된 것으로 보이
는데. 그렇겠지?"

  아이들 쪽으로 몸을 더 내밀며 살짝 웃으시는 선생님을 보고 아
이들도 따라 웃었다. 모두의 웃음 속에 묵직하게 가라앉아 있던
기운이 깨끗하게 날아가는 것 같았다.

나는 생각한다, 고로 나는 존재한다

데카르트가 살던 시대는 지적으로 대단히 혼란한 시기였어요. 이를 테면 하느님이 창조하신 최고의 피조물인 인간이 사는 지구가 우주의 중심이라는 견해(천동설)는 교회의 강력한 지지로 인해 감히 의심할 수 없는 진리로 거의 천 년 이상 대부분의 사람들에 의해 받아들여졌고 그것은 상식과도 잘 맞아떨어지는 거였어요. 생각해 보세요. 해가 어느 쪽에서 떠서 어느 쪽으로 지는지를. 지구는 정지해 있고 태양이 동쪽에서 서쪽으로 움직인다는 것을 누가 부정할 수 있었을까요? 하지만 그 당시 세력을 얻기 시작한 과학은 이제까지의 상식을 파괴하는 견해를 내세우기 시작했어요. 지구가 우주의 중심이 아니라 우주에 있는 여러 별들 중의 하나에 불과하다는 것, 그리고 천체가 정지해 있는 지구를 중심으로 돌고 있는 것처럼 보이지만 사실은 태양이 정지해 있고 지구가 태양 주위를 돌고 있다는 견해였어요. 교회의 탄압이 있었지만 뛰어난 과학자들은 나름대로의 방식으로 그러한 견해의 정당성을 지속적으로 주장했어요.

이렇듯 참이라고 믿어 왔던 것들이 하루아침에 거짓이 되어 버리는, 그렇다고 해서 그 어떤 것이 참이라고 확실하게 자리매김도 되지 않는 상태에서 신학자와 과학자들 사이의 치열한 논쟁은 계속 되었어요. 사실 당시의 전문가들조차 혼란스럽긴 마찬가지였지요.

　모르긴 몰라도, 그 당시 사람들은 '도대체 뭐가 참이지?' 아니 '확실히 참이라고 이야기될 수 있는 것이 있기는 한 거야?' 라는 물음을 가슴에 안고 살아갔을 겁니다.

　이러한 물음에 적극적으로 반응을 보이면서 그 물음에 답하고자 했던 사람들이 바로 근대 철학자들입니다. 그들의 공통된 문제의식은 이렇게 표현될 수 있습니다.

　인간은 과연 스스로의 힘으로 의심의 여지가 없는 확실한 지식을 확보할 수 있을까? 확보할 수 있다면 그 방법은 뭘까?

　데카르트는 의심을 방법으로 사용하여 그 어떤 강력한 의심에도 동요하지 않는 그 누구도 의심할 수 없는 절대적 진리를 발견하게 됩니다.

　"나는 생각한다. 고로 나는 존재한다."(Cōgitō ergo sum)

　만약 내가 무엇인가를 생각하고 있다면, 그것이 무엇이든 적어도 생각하는 내가 없을 수는 없다는 것만큼은 의심할 수 없다는 거죠. 이를테면 내가 무엇을 생각하든 생각하는 나는 분명히 존재한다는 겁니다.

코지토 에르고 숨. 이것이 바로 데카르트가 발견한 철학의 제1원리요 기초입니다. 이것 때문에 그는 근대 철학의 아버지 혹은 시조라고 불린다고 해도 지나친 말이 아닐 겁니다.

가장 근원적인 진리의 장소가 데카르트에 의해 옮겨지고 있다는 것을 느낄 수 있나요? 데카르트 이전까지 적어도 중세 천 년 이상 동안 가장 근원적인 진리의 장소는 신이었어요. 그 진리의 장소를 데카르트는 신에게서 인간에게로 옮겨 놓고 있는 겁니다. 진리의 중심축이 신에게서 인간에게로 옮겨지고 있는 하나의 사건이 바로 데카르트의 '나는 생각한다, 고로 나는 존재한다' 라고 할 수 있어요. 이제 더 이상 인간은 진리에 관한 한 신에게 의지하는 존재가 아니라 그 어떤 것에도 의존하지 않는 독립적 존재로서 자리 잡게 된 것입니다.

모두 제자리

 인간에게 필요한 가장 중요한 지식은 어떻게 살 것인가, 어떻게 하면
악을 멀리하고 선을 더 많이 행할 수 있는가 하는 것이다.

−데카르트

1 연극은 끝나고

"그게 정말이야? 이제 우리 '왕자와 거지' 놀이를 끝내도 되는 거야? 나 이제 왕따 안 해도 되는 거야?"

태안이가 믿기지 않는다는 듯 묻고 또 물었다.

"그렇다니까, 인마. 왜 형 말을 못 믿냐? 애들 모두 정말 잘못했다, 앞으로 태안이와 잘 지내겠다, 약속에 약속을 했다니까. 우진이가 제일 많이 반성하더라. 이 형은 말이야, 한 번 한다면 하는 사람이라고."

태균이가 조금 과장을 섞어서 너스레를 떨었다. 학교에서 오늘 있었던 일을, 약간 허풍을 넣어 얘기해 주고 있던 참이었다.

"그래서 우리 계획은 이제 성공리에 완료다. 나오면서 선생님께도 말씀드렸는데, 놀라긴 했지만 이해하시더라. 내일부터 학교 가면 완전히 달라져 있을걸? 김태안이 새로 태어난 기분일 거야. 기대해도 좋아."

반쯤 믿기기도 하고, 의심스럽기도 한 태안은 좋으면서도 불안했다.

"형 앞에서는 그러고 막상 내가 가면 안 그럴지도 모르잖아."

"아니라니까. 형만 믿어. 애들이 진심으로 자기 행동을 반성했어."

"그래, 형 말 믿을게. 사실 형 행세하면서 나도 좀 달라지긴 했어. 친구들이 친하게 대해 주니까 의욕도 생기고 성격도 밝아지고, 실력도 얼마나 늘었는데. 이젠 시험 봐도 잘할 수 있을 것 같아. 형 덕분에 자신감이 생겼어."

태안이가 형을 바라보며 씨익 미소 지었다.

"그래, 그렇게 웃고 살아, 인마. 당당하고 자신 있으니까 보기 좋잖아. 응?"

태안이와 태균이는 똑같이 생긴 얼굴을 마주하고 그 동안의 일들을 생각했다. 괜히 웃음이 나왔다.

"아유, 이 답답한 안경부터 벗어야겠다. 눈이 나쁘지 않아서 다행이지, 이런 걸 계속 써야 한다고 생각하면 귀찮다. 내 멋진 눈도 가려지고 말이야."

"너무 인기 있다 보니 중증 왕자병인데⋯⋯. 가만, '왕자와 거지' 놀이도 그럼 내가 거지였던 거야?"

"몰랐냐?"

태균이와 태안이는 농담을 주고받으며 낄낄거리다가 그만 일어섰다. 이렇게 매일 만난 것이 반년은 된 것 같았다. 부모님이 헤어진 뒤로 늘 붙어 다니던 태균이와 태안이는 한 달에 한 번밖에 만나지 못하고 지냈으니까 말이다. 역할 바꾸기 덕분에 몇 주간 둘이는 매일 만날 수 있었는데, 이제는 그렇게 자주 보기는 어려울 것이었다.

"우리 네 식구가 같이 살 수 있다면 좋을 텐데."

태균이가 아쉬운 듯이 한숨을 내쉬며 말했다.

"나도 엄마랑 지내고 싶어. 아빠도 좋지만, 엄마를 본 지 오래됐잖아."

태안이도 쓸쓸히 대답했다.

"태안아, 역할 바꾸기 한번 해 본 김에 우리 집에도 바꿔서 가 볼까?"

놀란 눈으로 쳐다보는 태안이를 보며 태균이가 덧붙였다.

"지금까지 완벽하게 속였었잖아. 너도 엄마가 보고 싶고, 나도 아빠가 보고 싶으니까 우리 한번 바꿔서 가자. 한번 해 보는 거야! 마침 오늘은 엄마가 쉬는 날이라 집에 계실 거야."

태균이의 제안에 태안이 크게 고개를 끄덕였다. 다른 것보다 엄마를 만나보고 싶은 생각에 더 망설이지 않았다. 태균이는 다시 안경을 쓰고 늘 타던 버스도 서로 바꾸어 탔다. 엄마의 집으로 향하는 태안의 마음이 두근두근 설레었다.

"다녀왔습니다!"

현관 앞에서 태안이는 안경을 벗었다. 안경을 안 끼니까 조금 흐릿하게 보이긴 했지만 안경을 쓰고 있을 수 없었다. 친구들이야 그렇다지만, 엄마는 갑자기 안경을 쓴 모습을 이상하게 생각할 테니까 말이다.

"태균이 왔니? 엄마가 초콜릿 샤베트 만들어 놨어. 손 씻고 먹으렴."

쌍둥이 형제가 제일 좋아하던 초콜릿 샤베트! 태안이는 벌써 달

콤한 초콜릿이 녹는 것만 같아 입맛을 다셨다.

"와! 그동안 얼마나 먹고 싶어 했다고요. 엄마, 최고예요!"

"애는, 어제도 먹고서 뭘. 좌우간 허풍은 알아줘야 해. 얼른 먹고 바지 하나 사러 가자."

엄마의 말에 태안이 순간 뜨끔했다. 태균이 아닌 것을 알아채 버리지는 않을까 가슴이 쿵쾅거렸다. 그렇지만 엄마는 별다른 의심을 하지 않고 넘어가는 것이었다.

태안이는 샤베트를 다 먹고 엄마 말대로 바지를 사러 옷가게에 갔다. 이 옷 저 옷 골라서 대보고 걸쳐 보게 하는 엄마의 손길이 따뜻했다.

'엄마, 나도 엄마랑 같이 살고 싶어요. 아니, 우리 가족 모두 같이요.'

태안이는 속으로 나직이 말했다. 그 마음을 아는지 모르는지 엄마는 옷 골라 주기에 정신이 없었다.

엄마가 먼저 골라 준 바지를 갈아입고 나온 태안이를 보고 엄마가 말했다.

"역시 우리 아들, 멋지다. 뭘 입어도 이렇게 잘 어울릴까."

그러면서 바짓단을 접어 주려고 허리를 굽혔다. 태안이는 내심 걱정이 되었다. 복사뼈 있는 데 작은 흉터가 하나 있는데 이건 태안이만의 흉터였다. 엄마가 그걸 보고 태균이가 아닌 걸 알아채는 건 아닐까, 속으로 조바심이 났다. 그렇지만 엄마는 길이에 맞춰 단을 접으며 태안이의 발목을 올렸다 내리면서도 흉터를 눈치 채지 못했다.

태안이는 엄마와 시장을 보고 바지와 윗도리도 몇 장 사들고 집으로 돌아왔다. 엄마가 사 준 새 옷, 그러나 태안이의 것이 아니라 태균이가 입을 새 옷이었다.

저녁을 먹고 같이 텔레비전을 보고, 엄마와 밤까지 이야기를 나누며 함께 있었지만 엄마는 잠자리에 들 시각까지도 태안이를 알아보지 못했다.

태안이는 하마터면 들킬 뻔한 위험한 순간을 몇 번 넘기면서 안도의 한숨을 내쉬었지만, 정말 밤까지 엄마가 자신을 태균이인 줄 아는 것에 이상하게 슬픔이 느껴졌다.

"태균아, 양치질하고 그만 자자. 너 학교에 일찍 가야 하잖아. 무슨 발표회 준비한다면서. 그거 언제까지 하는 거니?"

태균이가 학교를 바꾸느라 일찍 집에서 나가기 위해 둘러댄 말이었나 보다.

"아, 예, 그게 이제 끝났어요. 다 끝났어요. 이제 모두 제자리예요."

태안이는 그 대답을 하면서 갑자기 눈물이 핑 돌았다.

"엄마, 제가 태균이로 보이세요?"

태안이는 결국 참지 못하고 불쑥 말해 버렸다.

"그게 무슨 말이야? 네가 그럼 유령이라도 된단 말이니?"

엄마가 무슨 뜬금없는 말이냐는 듯 태균이를 바라봤다.

"그렇게 모르시겠어요? 저 태안이에요! 엄만 아무리 쌍둥이 아들이지만, 그것도 구별 못하세요? 제가 미심쩍은 행동을 해도 엄마는 태균이가 아니라고 의심조차 안하세요? 태안이가 아닌가, 한번 의심도 안 해 보세요? 엄마는 저를 잊으신 거죠!"

참았던 슬픔이 몰려서 태안이는 걷잡을 수 없이 눈물이 흘러 나왔다.

"엄마 아빠는, 엄마 아빠 일만 생각하고, 우리 형제에 대해서는 생각도 안 하셨죠? 제가 어떻게 지내는지 관심도 없으셨죠?"

엄마를 보니 그동안 하고 싶었던 말이 마치 미리 준비라도 한 것처럼 줄줄이 나왔다. 놀라서 태안이를 바라보던 엄마가 울면서 말하는 태안이를 꼭 끌어안았다.

"태안이었구나. 태안이었어. 엄마가 정말 미안하다. 아들을 못 알아보다니, 엄마가 정말 미안해."

태안이는 엄마의 어깨에 기대서 참았던 눈물을 오랫동안 쏟았다. 한참을 울고 나니 마음이 좀 가벼워진 것 같았다.

"엄마, 걱정 끼쳐서 죄송해요. 전 그냥 엄마가 보고 싶어서 태균이 형과 오늘 하루 바꿔서 와 보기로 한 것뿐이에요. 엄마도 일을 다니니까 바쁘셔서 잘 만날 수도 없고……."

"아니야, 엄마가, 엄마가 다 미안해. 네 말대로 어른들 입장만 생각하고 너희들이 얼마나 힘들까를 보지 못했어. 엄마도 아빠와 너와 떨어져서 한참 지내면서 여러 가지로 생각하고 있었다. 그렇게 의좋은 우리 아들들을 엄마 아빠 욕심으로 떨어져 지내게 해서는 안 되겠다는 생각도 했단다. 너무 성급한 결정을 내린 것은 아닐까 반성도 하고 말이야."

엄마의 말에 태안이 얼른 외쳤다.

"그러니까 엄마, 우리 같이 살아요! 엄마 아빠가 조금만 양보하고, 이성적으로 판단하면 꼭 이렇게 헤어져서 살지 않아도 될 거예요. 그렇죠, 엄마? 네? 네?"

태안이가 어린아이처럼 엄마의 팔을 붙잡고 흔들자 엄마가 가만히 고개를 저었다.

"태안이 마음 잘 알아. 당장 그러겠다고 결정을 내릴 수는 없지만 꼭 너희들을 생각한 판단을 내릴게. 엄마도 더 깊이 생각할 시간이 필요하니까 말이야. 알았지?"

엄마의 말에 태안이는 더 이상 주장하지 않고 차분히 끄덕였다. 엄마가 이렇게 말한다면 아주 안 되는 일은 아닐 것 같다. 태안이는 희망이 엿보여 그쯤에서 그만한 것이다.

아주 오랜만에 태안이는 엄마와 한 침대에서 잠들었다. 한집에 살 때도 같은 침대에서 자 본 적은 거의 없지만, 엄마가 계신 집에 지금 같이 있다는 생각에 꼭 식구들 모두 행복했던 옛날 집으로 돌아온 기분이었다. 태안이는 엄마 배 속에 다시 들어간 듯, 포근하고 편안하게 단꿈을 꾸었다.

2 손을 내밀다

제자리로 돌아가는 첫날이다. 엄마 집에서 달게 자고 일어났지만, 막상 학교로 돌아간다고 생각하니 너무 긴장이 되었다. 아이들이 어떻게 바라볼까, 조금 겁도 났다.

그렇지만 용기 있고, 당당하게! '왕자와 거지' 놀이를 통해 태안이가 얻은 것이었다.

태안이는 크게 심호흡을 하고 걱정을 떨쳤다. 태안이가 뭘 잘못한 일은 없으니까 말이다.

"야, 김태안. 어디 갔다 이제야 온 거야? 너 보니까 정말 반갑다."

조심스레 교실 문을 여는데 준형이 벌떡 일어나 태안을 반겼다. 당황한 태안이 망설이며 제자리에 앉자마자 친구들이 주변에 둘러섰다. 태안이는 자신을 추궁이라도 할 것 같아 약간 주눅이 들었다. 태균이의 학교에서 씩씩했던 용기도 이 자리에 오니 사라져 버렸다.

"태안아, 너에게 함부로 굴었던 거 미안해. 그러지 않을게."

"만만하다고 널 놀리고 약 올리던 것도 용서해 줘. 응?"

"내 잘못도 잊어버려 줘, 알았지?"

아이들이 저마다 잘못을 사과하며 손을 내밀었다. 태안이 앞으로 수많은 손들이 모였다.

태안은 갑작스런 아이들의 변화에 당황해서 얼떨결에 손을 올렸다. 그러자 아이들이 기다렸다는 듯이 태안이의 손을 잡고, 그 위에 포개어 잡고, 또 포개어 올리고, 그래서 순식간에 커다란 손 탑이 생겨 버렸다.

"이것이 달라붙는 거위라도 되면 우리 큰일 나겠다, 야. 화장실은 어떻게 가냐?"

누군가의 말에 아이들이 왁자하게 웃음을 터뜨렸고 태안이도 같이 따라 웃었다. 학교를 다닌 후로 태안이가 처음으로 해맑게 웃는 모습이었다.

"김태안, 진심으로 미안했다. 나 말이야, 네 형한테 얻어터지고, 진짜 왕따 됐었다. 하하하. 네 마음, 이제야 이해하겠어. 내 사과 받을 거지?"

태안이가 제일 무서워하고 겁먹었던 우진이었다. 무서운 만큼 속으로 미움도 되게 컸었다. 그렇지만 이제 아무렇지도 않았다. 정말 그랬다.

"이렇게 대해 줘서 내가 더 고마워. 나도 너희들하고 잘 지내고 싶어."

그동안의 일을 깨끗이 잊은 채 아이들은 언제 그랬냐는 듯 장난질을 했다. 물론 뒤엉켜 노는 가운데 태안이도 끼었다. 그 모습을 저쪽에서 지켜보던 명하의 눈이 반짝했다. 태안이가 이제 따돌려지지 않고 노는 무리에 자연스럽게 어울리는 모습이 너무 좋아서 살짝 눈물이 비친 것이었다.

수업이 끝나고 나오는 길에 친구들은 태안이에게 축구 한 게임 하자고 제의했다. 운동은 잘 못하는 태안이지만 거절하지 않았다.

축구공과 함께 동글동글한 아이들의 까만 머리가 운동장을 누볐다. 친구들은 실력이 부족한 태안이를 몰아세우지 않고 협조하면서 공을 몰았다. 태안이는 그냥 같이 뛰는 것만으로도 기쁨에 넘쳐 무릎이 까지는 줄도 모른 채 놀았다.

 이제야, 아이들 속에서 태안이의 자리를 찾았던 것이다.

3 네 식구, 한 가족

며칠 뒤 늦은 일요일 아침이었다.

밤까지 책을 읽느라 늦잠을 자고 일어난 태안이는 아빠의 콧노래를 들었다.

"흠흐흠…… 음흠흠…… ."

눈을 비비며 태안이가 나오니 아빠가 들뜬 기분으로 인사를 했다.

"오, 태안이 잘 잤니? 오늘은 아주 기대되는 날이다. 아무래도 예감이 좋아."

"무슨 예감이요?"

"응, 그런 게 있어. 태안이 너도 아주 좋아할 손님이 조금 있다가 오실 거다. 룰룰루……."

아빠는 태안이에게 그렇게 대답하고는, 노래를 부르면서 부지런히 돼지고기를 튀기고 소스를 만들었다.

"아빠, 이거 탕수육 만드는 거예요? 어떤 손님이기에 특별식을 다 만들어요?"

탕수육은 아빠의 유일한 특제 요리였다. 가족이 행복했던 옛날에는 자주 만들어 주셨는데……. 태안이는 그런 생각을 하면서 아빠가 말한 손님을 기다렸다.

"딩동……."

그때 초인종이 울렸다.

"누구세요?"

태안이가 현관문을 열었는데, 거기에는 태균이와 엄마가 서 있는 것이 아닌가!

"엄마! 형!"

태안이의 입이 놀라 벌어지고 그 소리에 나온 아빠가 멋쩍게 머리를 긁적이며 인사했다.

"어, 당신 왔어? 태균아, 아빠가 오늘 뭘 준비했는지 아니?"

이미 앞치마에 밀가루를 잔뜩 묻히고 손에는 반죽과 소스가 엉망으로 묻어 있어서 태균이는 물어볼 것도 없이 바로 알아맞혔다.

"탕수육이죠? 저 그거 너무 먹고 싶었던 거 어떻게 아셨어요?"

"태균이 마음을 아빠가 모르겠니? 자자, 어서들 앉아. 다 됐으니까 곧 내오마."

아빠는 오랜만에 엄마와 태균이를 만나더니 조금 흥분한 것 같았다. 허둥지둥 고기 튀김을 그릇에 담으려다가 그만 와르르 바닥에 쏟고 말았던 것이다.

"어머, 괜찮아요? 뜨거운 걸 만지면서 조심하지 않고!"

엄마가 얼른 뛰어가 그릇을 받치고 쏟아진 음식들을 정리했다.

"당신한테 잘 보이려고 하다가 오히려 감점 당하겠어. 허허."

아빠의 말에 엄마가 눈을 흘기며 살짝 웃었고 두 분은 손을 도와 음식 내오는 것을 마쳤다. 마루에서 기다리던 우리는 들뜬 기분에 신이 나서 장난을 쳤다. 아빠가 말하던 좋은 예감이란 것이 이런 것 같아 태안이는 속으로 그것이 실현되기를 기도했다.

"아빠가 만든 탕수육은 언제 먹어도 최고라니까!"

"어때, 태균아 더 맛있어졌지?"

"말시키지 마세요, 저 먹기 바빠요."

입에 잔뜩 탕수육을 물고 웅얼웅얼 대답하는 태균이의 모습에 엄마와 아빠도 소리 내어 웃었다.

'언제나 이렇게 우리가 모여 살 수 있다면……'

태안이는 간절히 소원했다. 아빠와 단 둘이 사는 쓸쓸한 집이 아

니라 네 식구의 웃음이 퍼지는 이런 집에서 살게 해 달라고…….

말은 안했지만 태균이의 바람도 그랬다. 아빠의 눈빛도 그랬다. 엄마는 알 수가 없었다.

탕수육을 다 먹고 태균이와 태안이가 같이 컴퓨터 게임을 하는 사이 엄마와 아빠는 중요한 이야기를 주고받는 것 같았다.

이윽고 저녁이 어스름해졌다.

"엄마와 아빠가 너희들에게 전해 줄 말이 있다."

아빠가 태균이와 태안이를 불러 놓고 심각하게 입을 여셨다.

"음, 이제 엄마와 아빠는 다시는……."

이 대목에서 태균이와 태안이는 가슴이 철렁해졌다. 다시는 이렇게라도 만나지 않는다는 것일까, 다시는 왕래하지 말라는 것일까, 둘은 너무 긴장한 나머지 주먹을 꼭 쥐었다.

"다시는 헤어지지 않기로 했다."

아빠의 이 한마디에 태균이와 태안이는 얼굴을 마주 보고 서로 얼싸안았다.

"정말이죠? 정말? 진짜? 의심 안 해도 돼요? 거짓말 아니죠?"

엄마와 아빠가 헤어지겠다고 말했던 순간보다 더 믿기지 않아 태균이는 묻고 또 물었다.

"너희에게 정말 큰 잘못을 했다. 감정이 앞서기보다 이성적으로 차근차근 판단을 했어야 하는데, 엄마 아빠가 이성을 제대로 사용하지 못했던 것 같다. 앞으로도 다툴 일이 가끔 생기겠지만 그렇다고 헤어지겠다는 결정은 하지 않을게. 너희들 마음고생 많았지? 미안해."

엄마의 말끝에 울음이 맺혔다. 아빠도 그런 모습을 보며 눈 주위가 빨개졌고 태안이와 태균이는 엉엉 울고 말았다. 너무 기쁠 때 울음이 난다는 것이 이런 것이었나 보다.

"형! 이거 꿈 아니지? 엄마, 아빠, 정말 그러시는 거죠? 그렇죠?"

"그래그래, 우리 네 식구 이런 마음 그대로 앞으로 감정이 상하는 일이 있어도 서로 이해하자. 다시는 떨어져 지내지 말자."

태안이의 책상에 놓인 사진 속 네 식구. 태안이가 가장 행복했던 때라고 기억하고 있는 그 장면을 이제 바꿔야 할 것 같다. 바로 지금 이 순간으로⋯⋯.

과학은 두려움 없이 자연을 탐구하라

데카르트는 왜 철학을 했을까?

그는 분명 철학자이기 이전에 수학자요 과학자였습니다.

그런 그가 왜 철학자가 되었을까?

그가 철학자가 된 것은 과학의 연구 성과들이 확실하고 정당한 지식이라는 것을 보여 주는 것이 철학의 역할이라고 생각했기 때문이었습니다. 데카르트가 살던 시대의 과학자들은 교리에 어긋나는 연구 결과를 내놓아서는 안 된다는 신학자들의 탄압과 이 세상에서 확실하게 알 수 있는 것은 없다고 주장하는 회의론자들의 그럴듯한 공격 앞에 손을 놓아 버리기 일쑤였어요. 그래서 데카르트는 그 어떤 의심도 할 수 없는 확실한 지식이 있으면 그것을 기초로 자연에 대한 확실한 지식도 가능하다는 것을 철학을 통해 보여줌으로써 과학자들을 격려하고 그들이 마음껏 자연을 연구할 수 있도록 만들어 주는 것이 자신의 임무라고 생각했던 것입니다.

데카르트는 학문 전체를 한 그루의 나무에 비유하고 있습니다. 이를

테면 학문 전체는 뿌리, 줄기, 가지로 이루어진 한 그루의 나무라는 겁니다. 그 뿌리에 해당되는 것이 철학(형이상학), 줄기에 해당되는 것이 자연학(예를 들면 물리학과 같은 과학) 그리고 가지에 해당되는 것이 의학, 기계학, 도덕학입니다.

우리가 학문이라는 나무를 키우는 이유는 뭘까요? 그것은 의학이라는 가지에서 열리는 열매, 기계학이라는 가지에서 열리는 열매, 도덕학이라는 가지에서 열리는 열매를 따 먹기 위해서라고 할 수 있습니다. 다른 말로 표현하자면, 건강하기 위해서, 편리하기 위해서 그리고 품위 있는 삶을 위해서 우리는 학문을 한다고 할 수 있어요.

그런데 학문이라는 나무의 가지에 열리는 열매가 내용이 알차기 위해서는 나무가 어때야 할까요? 줄기가 튼튼해야겠죠. 줄기가 튼튼하려면? 뿌리가 튼튼해야겠죠. 그런데 학문의 나무에서 뿌리에 해당되는 것은 뭐였죠?

철학!

한 그루의 나무가 튼튼하게 잘 자라기 위해서는 줄기가 튼튼해야 하고 줄기가 튼튼하기 위해서는 그 뿌리가 건강해야 하는 것처럼, 학문이라는 나무를 튼실하게 키워 우리가 그 열매를 즐기기 위해서는 자연학이 튼튼해야 하고 자연학이 튼튼하기 위해서는 철학이 건강하고 튼튼해야 한다고 할 수 있습니다.

더 튼실한 열매를 더 많이 따기 위해서는 자연을 탐구하는 여러 학문들을 튼튼하게 만들어야 하는데, 그러기 위해서 모든 학문의 뿌리인 철학을 했던 것이지요. 철학 자체가 목표는 아니었습니다. 다시 말하면 '나는 생각한다. 고로 나는 존재한다' 라는 그 누구도 의심할 수 없는 철학의 제1원리를 발견하고 그것을 거점으로 삼아 자연에 대한 탐구가 더 이상 신학자들과 회의론자들의 공격에 의해 우왕좌왕하지 않고 진리에로의 길을 걸어갈 수 있도록 도와주려는 것이 데카르트가 철학을 한 의도였다고 할 수 있습니다.

신학자들과 회의론자들의 탄압과 논박에 허둥대는 과학자들의 어깨를 두드려 주는, 탄압과 논박에 대한 이론적 방어는 내게 맡겨 두고 너희들은 마음껏 자연을 탐구하라는, 그리고 너희들이 내놓는 연구 성과들이 진리라고 격려하는 과학자들의 맏형 데카르트의 모습이 머릿속에 그려지지 않나요?

에필로그

'김태안 앞'

명하의 글씨였다. 또박또박 정성껏 쓴 명하의 필체가 낯익게 쓰인 편지 봉투다.

태안이는 기다릴 것도 없이 봉투를 뜯어 내용을 살폈다.

안녕, 태안아? 네가 전학을 가게 돼서 너무 섭섭하고 허전하지만, 너희 가족이 이제 함께 살게 되어서 그런 것이라고 생각하니까 기쁜 마음이 더 커.

네가 떠난 뒤로 아이들도 무척 아쉬워했단다. 너와 더 친해질 수 있는 시간을 갖지 못한 것이 안타깝다고들 해. 어쩌면 네가 형보다 더 매력 있는 친구였을 수도 있겠다고들 말이야.

알고 보면 친구들 모두 마음을 열고 바라보면 멋진 모습을 가지고 있는 것 같아. 내가 너의 멋진 점을 남보다 먼저 알아본 것도 그런 것이었겠지? (나 얼굴이 빨개지려고 해.)

우리 학교에서는 그날의 사건 이후에 누굴 왕따시키거나 괴롭히는 일도 없어졌어. 그 일의 소문이 퍼져서 우리 반뿐 아니라 학교 전체에도 좋은 영향을 주었던 것 같아. 너와 너의 형이 한 일이 커.

이젠 누구도 주먹 힘을 자랑하고 약하고 만만한 아이를 괴롭히지 않는단다. 너도 기쁘지? 이런 일이 물결처럼 다른 학교에도, 아니 온 세상에 퍼지면 좋겠어.

참, 깜짝 놀랄 일이 하나 있다. 글쎄, 개구리 선생님이 결혼을 하신다는 거야!

쉰일곱 번째 맞선에서 드디어 운명의 상대를 만나 결혼에 성공하시게 됐대. 정말 믿기지 않지? 그것 봐, 세상에는 겉모습과 첫눈에 보이는 인상만으로 사람을 보지 않는 진실된 마음이 아직 남아 있다니까. 사실 개구리 선생님은 참 좋은 분이지만 얼굴은 잘 생기지 않으셨잖아. 선생님의 진짜 매력을 누군가 알아보았던 거야. 바로 나처럼. (또 얼굴 빨개지려고 해.)

다음 달에 선생님 결혼식이야. 요즘 우리 선생님은 마흔을 넘기지 않고 결혼을 하게 됐다며 입이 귀에 걸려서 다니신단다. 너도 결혼식에 꼭 올 거지? 그때 만나게 되길 기다릴게.

편지를 내려놓는 태안이의 얼굴에 웃음이 번졌다. 명하의 편지를 받은 것도 기쁘고 학교의 평화로운 분위기에 대해 전해 들은 것도 흐뭇했다. 더구나 개구리 선생님의 결혼 소식까지!

태안이는 달력에다 선생님의 결혼 날짜에 동그라미 표시를 해 두었다. 결혼식이라고 쓰긴 했지만 태안이의 마음은 착하고 예쁜 명하를 만나는 것에 더 목적이 있었다. 빨간 동그라미까지 남은 날짜를 세어 보며 태안이는 공상에 잠겼다. 결혼식, 그 자리에 나와 명하가……. 태안이의 입이 절로 벌어져 침 한 방울이 떨어졌다. 갑자기 생각에서 깨어난 태안이는 침을 슥 닦고는, 스스로가 생각해도 부끄러운 마음이 들어 괜스레 문제집을 펴 들었다.

"태안아, 저녁 먹자."

엄마가 부르는 소리였다. 아빠는 좀 늦는다고 아직 안 들어오셨고, 태균이는 캠핑이 있어서 오늘 밤 집에 없었다.

엄마는 보글보글 찌개를 식탁에 올려 두셨다. 엄마와 둘이만 먹는 저녁이지만 태안이는 하나도 쓸쓸하지 않았다. 학교에서 돌아오면 집에서 기다려 주는 엄마가 있었고, 네 식구가 이제 한집에 살고 있으니까 말이다.

"엄마, 저 밥 더 주세요. 찌개가 너무 맛있어요."

통합형 논술
활용노트

01 여러분은 스스로에게 왜라는 물음을 던지고 그 이유가 무엇인지 생각해 본 적 있나요? 그런 일이 있었다면 그 일은 어떤 일이었고 이유는 무엇이었나요?

02 왕따를 주동하던 우진이는 태균이와의 싸움에서 지고 난 뒤 입장이 바뀌어 왕따를 당하게 되었습니다. 그때 우진이는 어떤 생각이 들었을까요? 자신이 우진이라고 생각하면서 일기를 써 봅시다.

03 선생님은 태균이와 태안이가 학교를 바꿔 다녔다는 말을 들었지만 두 사람을 이해해 주셨습니다. 당시 선생님께서 태균이에게 어떤 말씀을 해 주셨을까요? 상상하며 써 봅시다.

04 태안이 행세를 하던 태균이를 의심한 윤진이는 결국 태균이가 가짜라는 사실을 알게 됐습니다. 윤진이가 했던 의심의 과정을 생각해 봅시다. (어떤 사실을 통해 처음 의심을 하게 됐으며 어떤 점을 통해 결국 태안이가 가짜임을 밝혔는지를 생각해 보세요)

05 태안이와 태균이처럼 나와 똑같이 생긴 사람이 있다면 그 사람이 내 역할을 대신하면서 평생 살 수 있을까요? 그렇다면 그 사람이 내가 될 수 있을까요? 될 수 있다면 왜 그런지, 안 된다면 왜 안 되는지 '의심'이라는 책의 주제와 관련하여 이유를 생각해 봅시다.

06 왕따를 당하고 있는 태안이를 돕기 위해 태균이는 광범위하고 은밀한 저항을 했다고 선생님은 말씀하셨습니다. 이 광범위하고 은밀한 저항이란 어떤 것일까요? 태균이의 행동이나 데카르트가 썼던 방법을 바탕으로 생각해 봅시다.

07 진리를 탐구하기 위해 데카르트는 네 가지의 규칙을 제시했습니다. 그 네 가지는 무엇이었나요?

통합형 논술
문제풀이

01 저와 제 친구들은 우리 동네에 사는 몸이 불편한 친구를 못살게 굴고 괴롭혔습니다. 어른들께서는 몸이 불편한 친구는 도와줘야 한다고 야단치셨지요. 처음에는 왜 우리가 그 친구를 도와줘야 하는지 생각도 해보지 않았습니다.

그러던 어느 날 교통사고가 나서 저는 팔에 깁스를 하게 되었습니다. 제대로 움직일 수도 없어 많이 불편했지요. 그러다 문득 우리가 괴롭혔던 불편한 친구가 떠올랐습니다. 처음에는 어른들이 우리를 야단치는 것이 싫어서 더 괴롭혔는데, 이제는 왜 우리가 그 친구를 도와줘야 하는지 생각해 보게 되었습니다.

세상에는 많은 사람들이 살고 있는데 서로 도우며 살아야 한다고 합니다. 더군다나 장애를 가진 친구는 그 친구가 부족한 것이 아니라 단순히 몸이 불편한 것일 뿐이며 건강한 우리들이 그 친구를 많이 도와줘야 한다고 생각했습니다.

02 나는 우리 학교 짱이었다. 친구들은 모두 나를 무서워했고 내 말이라면 벌벌 떨며 들었다. 그래서 내 말을 안 들은 태안이를 혼내 주려고 왕따로 만들었다. 하지만 지금은 내가 왕따가 되었고 태안이가 짱이 되었다. 친구들 앞에서 태안이의 주먹에 맞아 코피가 났기 때문이다. 나는 이제 학교에 갈 때도 혼자 가고, 집에 올 때도 혼자 오고, 밥도 혼자 먹는다. 예전에 태안이가 그랬던 것처럼 말이다.

친구들과 어울릴 수 없으니 운동도 할 수 없고, 학교도 가기 싫어진다. 그동안 태안이는 나 때문에 이런 생활을 했겠지. 얼마나 힘들었을까? 꼭 화해하고 싶다.

친구들과 축구도 하고 장난도 치고 싶다. 친해질 수 있다면 못살게 굴지도 않고 정말 잘해 줄 텐데. 진작 왕따시키지 말고 잘해 줄 걸, 너무 후회된다. 친구를 왕따시키는 친구가 있다면 그러지 말라고 꼭 말해 주고 싶다.

03 선생님은 태균이와 태안이가 학교를 바꿔 다닌 사실을 벌써 알고 계셨을 것 같습니다. 선생님은 태안이를 왕따에서 벗어나도록 해 주고 싶어 하셨습

니다. 태안이를 괴롭히는 친구들을 불러 꾸중하시거나, 태안이를 위로해 주신 것을 보면 말이지요. 하지만 다른 아이들이 태안이를 편애한다고 오해해서 마음대로 도와주실 수가 없었습니다.

음악실을 물어보고 수학책을 제대로 나눠 주지 못하는 태안이를 보며 선생님도 이상하다고 여기셨을 겁니다. 생활기록부에도 쌍둥이 형이 있다는 사실이 나와 있을 테니 더 잘 아셨겠지요. 그래서 태균이가 교무실로 찾아가 사실을 말씀드렸을 때 이미 알았다는 듯 웃음을 보여 주셨을 것이라고 생각합니다. 그리고 앞으로도 태안이와 잘 지내라는 말씀을 해 주셨을 것 같습니다.

04 윤진이가 처음 의심을 시작했던 것은 음악실을 묻는 태안이의 모습을 본 뒤였습니다. 그 뒤 윤진이가 풀지 못한 수학 문제를 태안이가 풀면서 의심은 더해졌습니다. 평소 태안이의 태도로는 상상할 수 없었던 모습이기 때문입니다. 이런 윤진이가 자신의 의심을 확인하는 것은 바로 증거를 통해 사실로 입증하는 것이었습니다. 태균이의 학교에 있는 이모를 통해 사진을 보여주면서 태안이와 태균이가 쌍둥이라는 사실을 알아냈습니다.

05 생김새가 아무리 똑같아도 그 사람은 내가 될 수 없습니다. 과학 문명이 발달해서 나를 복제한 인간이 만들어진다고 해도 그것은 나와 모습이 똑같은 사람이 한명 더 있는 것일 뿐 그 사람이 나의 인생을 대신 살아줄 수는 없다고 생각합니다.

아무리 나와 같은 모습을 하고 있고, 나와 같은 환경에서 살고 있다고 해도 나와 똑같은 생각을 할 수는 없는 것입니다. 생각이 다르고 느낌이 다르고 사상이 다르다면 그것은 완전히 다른 사람이기 때문입니다.

06 처음에 선생님께서 태안이를 왕따시키는 아이를 불러서 혼내신 것과 태균이가 했던 작전은 반대되는 것이라고 할 수 있습니다. 태균이는 태안이를

왕따시켰던 반 전체 아이들을 대상으로 태안이로 행동하면서 아이들과 어울렸습니다. 그러면서 아이들이 스스로 잘못을 깨닫도록 만들었습니다.

만약 태균이가 직접 태안이의 형이라고 나서서 우진이와 싸움을 하거나, 선생님에게 이야기했다면 같은 반 아이들은 반성하기는커녕 태안이가 전학을 가야 하는 상황이 됐을지도 모릅니다.

직접 잘못을 꼬집고 꾸짖는 것이 아니라 스스로 반성하도록 유도하며 그 대상이 광범위한 것, 그것이 바로 광범위하고 은밀한 저항이 아닐까 생각합니다.

07 첫 번째는 의심의 규칙입니다. 성급한 판단과 편견을 신중히 피하고 조금도 의심의 여지가 없을 정도로 분명하고 뚜렷하게 내 정신에 나타나는 것 외에는 그 어떤 것에 대해서도 판단을 내리지 말아야 합니다.

두 번째는 분석의 규칙입니다. 검토할 문제들을 잘 해결할 수 있도록 각각의 대상을 가능한 한 작은 부분으로 나누어야 합니다.

그 다음은 종합의 규칙입니다. 가장 단순하고 알기 쉬운 대상에서 출발하여 마치 계단을 올라가듯 조금씩 올라가 가장 복잡한 것의 인식에까지 이르러야 하다는 것입니다. 그리고 이때, 본래 전후 순서가 없는 것에서도 순서를 정하고 나아가야 합니다.

마지막 규칙은 바로 열거의 규칙입니다. 아무 것도 빠뜨리지 않았다고 확신할 정도로 완벽하게 열거하고 전반적으로 검토해야 합니다.